www.tredition.de

AF202343

Michael Mainka

Da hilft nur noch beten!?…

Biblische Impulse
für Friedensgebete

www.tredition.de

© 2025 Michael Mainka
Umschlag, Illustration: Vorlage tredition

Verlag & Druck: tredition GmbH, Heinz-Beusen-Stieg 5, 22926 Ahrensburg

ISBN
Softcover   978-3-384-51346-5
Hardcover   978-3-384-51347-2

Die Bibelzitate sind – falls nicht anders vermerkt – der Luther-Bibel entnommen (revidierte Ausgabe 2017)

Bibliografische Information der Deutschen Nationalbibliothek:
Die Deutsche Nationalbibliothek verzeichnet diese Publikation in der Deutschen Nationalbibliografie; detaillierte bibliografische Daten sind im Internet über http://dnb.d-nb.de abrufbar.

Inhaltsverzeichnis

Vorwort

Seit dem russischen Überfall auf die Ukraine am 24. Februar 2022 treffen sich in vielen Städten regelmäßig Menschen, um gemeinsam für den Frieden zu beten. Nach dem Terrorangriff der Hamas auf Israel am 7. Oktober 2023 ist das Gebet für den Frieden im Nahen Osten hinzugekommen.

Friedensgebete sind offen für alle, die ihren Wunsch nach Frieden im Gebet ausdrücken wollen – unabhängig von ihrer Religions- und Kirchenzugehörigkeit. Fast immer werden sie ökumenisch gestaltet.

Bei den Friedensgebeten, die in der Regel nicht länger als 30 Minuten dauern, wird kurz auf die aktuelle Lage in den Kriegsgebieten hingewiesen. In den Fürbitten wird darauf Bezug genommen.

Zu den Friedensgebeten gehört aber auch ein biblischer Impuls – weil wir in der Bibel Worte finden, die wir uns nicht selbst sagen können und die unseren Horizont erweitern. Bei den biblischen Impulsen steht hier natürlich die Friedensfrage im Mittelpunkt. Dabei kommt es darauf an, immer wieder andere und neue Aspekte aufzugreifen und sie in Beziehung zur bedrängenden Gegenwart zu bringen.

Ich habe mich von Anfang an bei der Gestaltung von Friedensgebeten eingebracht. Seit September 2023 bin ich Vorsitzender der Arbeitsgemeinschaft Christlicher Kirchen (ACK) in Darmstadt und damit für die Friedensgebete verantwortlich. Alle vier bis sechs Wochen gestalte ich es selbst.

Im Frühjahr 2023 habe ich begonnen, meine Impulse bei den Friedensgebeten als „Andachtsreihe" zu gestalten. Angefangen habe ich mit den Seligpreisungen. Es folgten Kurzandachten über die Bestandteile der

„Waffenrüstung Gottes". Und schließlich habe ich über die Bitten des Vaterunsers gesprochen. Diese drei Andachtsreihen stehen im Mittelpunkt dieses Buches.

Ich vermute, dass mancher, der sich bei der Gestaltung der Friedensgebete einbringt, immer wieder vor der Frage steht, über welchen Bibeltext oder welches Thema er den biblischen Impuls gestalten soll. Mit meinem Buch möchte ich dazu Anregungen geben. Außerdem ist es m.E. auch als „persönliches Andachtsbuch" geeignet, weil es dazu ermutigt, die aktuellen Herausforderungen, die niemanden von uns unberührt lassen, aus der Perspektive des christlichen Glaubens zu betrachten.

Im ersten Kapitel des Buches gehe ich außerdem kurz der Frage nach, worin aus meiner Sicht der Nutzen bzw. der Sinn von Friedensgebeten besteht. Im Anhang findet sich ein Impulsvortrag, den ich im März 2024 im Rahmen der Gesprächsreihe „Ökumene Konkret" zum Thema „Krieg UND Frieden!?" im Ökumenischen Gemeindezentrum Darmstadt-Kranichstein gehalten habe.

Ich widme dieses Buch den Delegierten der ACK-Darmstadt und den Teilnehmern der Friedensgebete.

Michael Mainka
Februar 2025

1   Für den Frieden beten?

Für den Frieden wird nicht nur demonstriert, sondern auch gebetet. Warum? Weil es etwas nützt?

Vor mehr als vierzig Jahren beginnt man in der Leipziger Nikolaikirche mit Friedensgebeten. Im November 1983 wird zum ersten Mal nach dem Friedensgebet vor der Kirche gegen die Militarisierung der Gesellschaft demonstriert – mit Kerzen.

Eine neue Qualität bekommt das immer montags stattfindende Treffen 1987, als Pfarrer Christoph Wonneberger die Koordination übernimmt. Er bezieht die Leipziger Friedens-, Umwelt- und Menschenrechtsgruppen bewusst in die Vorbereitung ein. Die Inhalte werden politischer und ziehen einen immer größeren Kreis von Menschen an.

Dem Staat gefällt das nicht. Und die Kirchenleitung bekommt es mit der Angst zu tun und sorgt dafür, dass alles im Rahmen bleibt. Der Name der Veranstaltung wird geändert: Aus Friedensgebeten werden „Montagsgebete". Aber: Weil die Montagsgebete regelmäßig stattfinden und jeder kommen kann, werden sie zum Ausgangspunkt für weitere Aktionen. Ab September 89 folgt nach dem „Montagsgebet" die „Montagsdemonstration"; zwei Monate später fällt die Mauer.

Gebete können nützen – und zwar ganz konkret. Müssen sie aber nicht. Und ich vermute: Fast alle, die sich angesichts des Krieges in der Ukraine und im „Nahen Osten" treffen, rechnen nicht damit, dass ihre Gebete konkret etwas an der Situation in den Kriegsgebieten ändern. Aber trotzdem kommen sie. Warum?

Martin Wendte, Evangelischer Pfarrer in Ludwigsburg, hat es im „Wort zum Tag" auf SWR 2 so ausgedrückt:

> Neulich fragt mich mein Nachbar: „Warum gehst Du eigentlich immer noch zu diesen Friedensgebeten? Schau mal, der Krieg in der Ukraine dauert jetzt schon zehn Wochen. Seitdem beten überall auf der Welt Menschen für den Frieden. Aber jede Woche wird die Lage schlimmer. Die Schlachten werden immer brutaler. Der Frieden ist weiter weg denn je. Wenn Du ehrlich bist, musst Du doch sagen: ‚Wir haben gebetet und es hat nichts gebracht. Gott hat uns nicht gehört.' Wäre es nicht besser, wenn Ihr die Zeit der Friedensgebete nutzt, um den ukrainischen Flüchtlingen vor Ort ein bisschen Deutsch beizubringen?"
>
> Mein Nachbar spricht Fragen aus, die auch in mir selbst rumoren. Seit dem 24. Februar organisiere ich jede Woche ein Friedensgebet. In ganz Deutschland gibt es Tausende davon. Und Millionen Christen beten im eigenen Kämmerlein regelmäßig für den Frieden. Verhallen alle diese Stimmen ungehört im unendlich großen, dunklen Universum?
>
> Ich zögere mit einer Antwort. In mir selbst finde ich verschiedene Gefühlslagen. Einerseits bin ich frustriert. Zornig, hoffnungslos. Wie kann das sein, Gott, so denke ich dann: So viele Menschen, die Dich bitten, und der Krieg geht einfach weiter? Andererseits merke ich, dass die gemeinsamen Friedensgebete mich verändern. Sie stärken mich. Weil sie meiner Unruhe Worte geben. Und weil sie mich mit anderen Menschen verbinden.

Und so denke ich mir: Vielleicht nützen die Friedensgebete doch etwas. Nicht, weil wir dadurch Gott beeinflussen. Sondern weil Gott damit uns beeinflusst. Gott nutzt unsere Gebete, um jeden Einzelnen von uns zu verändern. Und uns als Gemeinschaft. Durch Gottes Geist entstehen überall in Deutschland kleine Friedensgemeinschaften. Energiezentren des Widerstands gegen das Böse. Das ist dann mehr als eine individuelle Kurz-Therapie für die aufgescheuchte Psyche von einem verschreckten Westdeutschen wie mir. Denn ich hoffe, dass Gott diese kleinen Friedensgemeinschaften nutzt, um dadurch auch die Ukrainer zu stärken. Indem sie wissen, dass überall auf der Welt Millionen von Menschen für sie beten, wird die Moral der Ukrainer gestärkt, ihre Resilienz. Ihre Fähigkeit, sich dem Bösen entgegenzustellen. Das ist viel weniger als das, worauf ich eigentlich hoffe. Aber es ist viel mehr als nichts. Mir reicht es, um auch diese Woche wieder zum Friedensgebet zu gehen. Und am Abend im Gebet meinen Frust vor Gott zu tragen. Aber auch meine bleibende, brennende Sehnsucht nach wahrem Frieden.[1]

Mitte Oktober 2023 kam eine Teilnehmerin nach Abschluss des Friedensgebets zu mir und erklärte: „Angesichts des Terrors und des Krieges im Nahen Osten musste ich mit meinen Gedanken und Gefühlen irgendwo hin. Ich hätte zu einer Demonstration gehen können. Oder zu einer Diskussionsveranstaltung. Aber das war mir irgendwie zu wenig. Und dann habe ich in der Zeitung vom Friedensgebet gelesen – und gedacht:

---

[1] https://www.kirche-im-swr.de/beitraege/?id=35362 (Zugriff: 4.12. 2023).

‚Da gehe ich hin.'" Sie ist nicht gekommen, weil das Friedensgebet einen Nutzen hat, sondern weil es einen Sinn hat.

Was heißt das? Im Gebet bringen wir das, was uns bewegt, in Beziehung zu Gott. Wir danken für alles, was uns geschenkt wird. Wir bitten für Menschen, die uns nahestehen und für alle, die in Not sind. Und wir beklagen das Leid, die Schmerzen die Ungerechtigkeit, die Grausamkeiten.

Fulbert Steffensky hat es so ausgedrückt: „Das Gebet ist das große Spiel, in dem wir uns und unsere Welt vor Gott aufführen. Das Gebet … ist die Selbstauslieferung an das Geheimnis des Lebens. Im Gebet bestehen wir nicht auf uns selbst, wir sagen uns aus in den Grund der Welt."[1]

Das ist wohl das wahre Geheimnis der Friedensgebete.

---

[1] Steffensky, Fulbert: Schöne Aussichten. Einlassungen auf biblische Texte, Stuttgart 2006, S. 149.

2   Die Seligpreisungen

2.1   Die Armen im Geist
(April 2023)

„Selig sind, die da geistlich arm sind; denn ihrer ist das Himmelreich." (Mt 5,3)

Seit mehr als einem Jahr herrscht Krieg in der Ukraine. Genauso lange tobt die Debatte über diesen Krieg. Sie ist unverzichtbar. Es besteht Redebedarf.

Allerdings ist die Debatte ziemlich festgefahren. Es haben sich verschiedene Lager gebildet und die Argumente wiederholen sich. Höchste Zeit für ganz andere Stimmen. Höchste Zeit, auch wieder der Bergpredigt zu lauschen.

Sie beginnt mit den Seligpreisungen. Gleich die erste hat es in sich. Sie klingt seltsam und ist oft missverstanden worden: *„Selig sind, die da geistlich arm sind; denn ihrer ist das Himmelreich."* Die Zürcher Bibel übersetzt: *„Selig die Armen im Geist – ihnen gehört das Himmelreich."*

Wer oder was sind die *„Armen im Geist"*? Und was heißt hier *„Geist"*? Klar ist: Der Heilige Geist wird nicht gemeint sein. Arm an Heiligem Geist zu sein – das kann schließlich kein Grund zur Freude sein. Also geht es wohl um den Geist des Menschen. Der *„Geist"* ist der Sitz von Einsicht, Gefühl und Wollen, Träger des menschlichen Innenlebens. Die *„Armen im Geist"* sind also Menschen, die nicht ein noch aus wissen, die ihr Leben nicht im Griff haben, die ihr eigenes Unvermögen kennen – und die deshalb alles von Gott erwarten. Ihnen gegenüber stehen Menschen, die meinen, dass sie Bescheid wissen und alles unter Kontrolle haben.

Wir beten für den Frieden. Weil wir die Lage nicht im Griff haben. Weil wir nicht wissen, was werden soll und was zu tun ist. Weil wir fühlen, dass wir arm im Geist sind.

Wir, die wir uns hier jede Woche zum Friedensgebet versammeln, sind damit nicht allein. Vielen geht es genauso wie uns. Das tröstet, hilft aber nicht wirklich.

In der aktuellen Diskussion über den Krieg in der Ukraine melden sich Experten zu Wort. Sie geben vor zu wissen, was geht – und was nicht. Wann welche Waffen gebraucht werden – und warum. Was Putin machen wird – und was nicht. Wann der Zeitpunkt für Friedensverhandlungen gekommen ist – und warum jetzt noch nicht.

Die erste Seligpreisung gilt nicht den Glaubensexperten, sondern denen, die um ihr eigenes Unvermögen wissen und die deshalb alles von Gott erwarten. Sie gilt auch nicht denen, die im Hinblick auf den Krieg in der Ukraine als Experten auftreten, sondern denen, die nicht ein noch aus wissen – vor allem denen, die nicht nur gegen Eroberungskriege sind, sondern gegen alle Kriege.

So viele Tote. Daran kann man sich nicht gewöhnen. Jedes Leben zählt. Die Nationalität ist nicht entscheidend. Jeder Tote ist einer zu viel. Das kommt in der Debatte viel zu kurz! Mehr als ein kurzes Bedauern über die vielen Opfer ist nicht zu hören. Und schon geht es wieder darum, welche Ziele man erreichen kann und muss – und die Menschenopfer, die für diese Ziele gebracht werden, sind sekundär.

„Der Tod eines einzelnen Mannes ist eine Tragödie, aber der Tod von Millionen nur eine Statistik", hat Josef Stalin gesagt. Und er hat nicht nur so zynisch geredet, sondern auch so gehandelt. Aber läuft unsere Debatte über den Krieg in der Ukraine wirklich anders? Wenn sieben Menschen bei einem Anschlag in Hamburg getötet werden, sind wir zu Recht entsetzt. Wenn pro Tag zwischen 500 und 1.000 russische Soldaten und vermutlich eine vergleichbare Anzahl von Soldaten aus der Ukraine getötet werden, müsste unser Entsetzen eigentlich mehr als hundertmal so groß sein. Aber das ist es nicht. Warum nicht?

Ich ahne: Wenn ich so rede, werde ich als „naiv" abgestempelt. Aber damit kann ich leben. Nicht nur, weil die Experten die Sache auch nicht im Griff haben, sondern aus einem ganz anderen Grund: Weil Jesus sagt: *„Selig die Armen im Geist – ihnen gehört das Himmelreich."* Also nicht den Strategen, sondern denen, die sich intuitiv weigern, Leid und Tod auf den Schlachtfeldern weitgehend auszublenden und von getöteten Menschen als „Kollateralschäden" zu sprechen. Nicht den Kriegs-Experten, sondern den Naiven gehört das Himmelreich.

Die „Armen im Geist" – das sind „Leute, die sich auf Gott verlassen. Darum sind sie nicht verlassen. Sie verlassen sich nicht auf Hab und Gut, nicht auf Weisheit und Klugheit, nicht auf Gewinn und Geschäft. Das ist ihre Armut. Sie verlassen sich auf Gott. Das ist ihr Reichtum. Diese Armen sind abhängig, sind allein von Gott abhängig und darum von keinem Menschen, von keiner Währungsreform, von keiner Rezession und keiner Depression, von keinem Ost-West-Gerangel und keinem Nord-Süd-Gefälle. Die an Gott Gebundenen sind die wahren Freien. Sie lassen sich von Gott beschenken. Sie wollen nicht alles selber machen. Sie lassen sich so in Gottes Reich, in Gottes Herrschaft, ins Himmelreich hineinziehen."[1]

---

[1] Rommel, Kurt/Stark, Ewald: Ihr seid das Licht der Welt. Bildmeditationen zur Bergpredigt, Stuttgart [2]1984, S. 4.

2.2   Die Leid tragen
(Mai 2023)

„Selig sind, die da Leid tragen; denn sie sollen getröstet werden." **(Mt 5,4)**

Das Leid, das der Krieg in der Ukraine über so viele Menschen gebracht hat, ist unvorstellbar – vor allem für uns, die wir das alles nur aus den Medien kennen. Nach wie vor ist er das alles beherrschende Thema. Dabei wird über Möglichkeiten und Grenzen von Friedensverhandlungen gesprochen, über die militärische Lage, über Waffenlieferungen. Auch von den Opfern ist die Rede – aber eher am Rande.

Der Krieg muss ein Ende haben. Aber wie kann bzw. soll dieses Ziel erreicht werden? Darüber wird diskutiert. Aber egal, was dabei herauskommt – für alle, *„die da Leid tragen"*, kommt jede Lösung zu spät. Sie haben ihre Liebsten verloren.

Was sollen wir dazu sagen? An dieser Stelle versagen unsere Worte. Darüber lässt sich nicht diskutieren – nicht fair und erst recht nicht hart. Schweigen, betroffenes Schweigen, wäre eine Lösung. Und vielleicht sollten alle Debatten – ob im Bundestag oder im Fernsehen – immer mit einer Schweigeminute zugunsten der Opfer und ihrer Angehörigen beginnen.

Aber so wichtig das Schweigen ist – Schweigen allein reicht nicht. Komisch wäre es auch, anschließend einfach zur Tagesordnung überzugehen und so zu diskutieren, als wäre nichts gewesen. Aber was dann?

Dann ist es gut, wenn wir uns diesen Satz von Jesus ausleihen: *„Selig sind, die da Leid tragen; denn sie sollen getröstet werden."* Nicht als billigen Trost, sondern als einen

Satz, der das Leid ernst nimmt und trotzdem darüber hinausführt.

In der Offenbarung des Johannes wird diese Seligpreisung konkretisiert: *„Und ich hörte eine große Stimme von dem Thron her, die sprach: Siehe da, die Hütte Gottes bei den Menschen! Und er wird bei ihnen wohnen, und sie werden seine Völker sein, und er selbst, Gott mit ihnen, wird ihr Gott sein; und Gott wird abwischen alle Tränen von ihren Augen, und der Tod wird nicht mehr sein, noch Leid noch Geschrei noch Schmerz wird mehr sein; denn das Erste ist vergangen. Und der auf dem Thron saß, sprach: Siehe, ich mache alles neu!"* (Off 21,1-5).

Johannes darf einen Blick in den Himmel werfen. Eine atemberaubende Vision, atemberaubend schön. Ein Bild voll sanfter Zärtlichkeit.

Gott wischt uns die Tränen von den Augen und nimmt uns in den Arm. Er kennt jede Wunde, weiß um jeden Riss, der sich durch unsere Seelen zieht. Er kennt auch die Ursache jeder Sorgenfalte, die sich sichtbar in die Haut gegraben hat. Da sind Narben, Falten, die davon erzählen, was uns Menschen zugestoßen ist. Da sind Schatten, die unter unseren Augen liegen. Gott kennt jede Narbe und jeden Schatten, er weiß um jede Wunde. Er wischt uns die Tränen aus den Augen. Und siehe: Es wird alles neu.

Und was ist mit dem größten Riss, der Menschen voneinander trennt, der unheilvoll seine Macht ausspielt, der Menschen voneinander scheidet? Was ist mit dem Tod? Christus ist auferstanden! Die Macht des Todes ist gebrochen! Deshalb gilt, was Johannes hier über den Tod hört: *„Der Tod wird nicht mehr sein."* Wo vorher der Strom der Tränen floss, sprudelt die Quelle des lebendigen Wassers.

Johannes spricht von der „Verwandlung der Tränen in Freudentränen. Man stelle sich bei diesem Text lachende Kinder vor, die eben noch geweint haben: strahlende Augen in tränenverschmierten Gesichtern."[1]

Was sagt uns das heute? Max Horkheimer, prägende Gestalt des Frankfurter Instituts für Sozialforschung, das vor kurzem seinen hundertsten Geburtstag gefeiert hat, hat es in seinem letzten großen Interview vor seinem Tod so formuliert: „Theologie" – also die Rede von Gott – ist „Ausdruck einer Sehnsucht, einer Sehnsucht danach, dass der Mörder nicht über das unschuldige Opfer triumphieren möge".[2] Und Jesus sagt: Diese Sehnsucht ist nicht nur verständlich, sondern auch berechtigt.

Die Opfer des Krieges und alle, die um sie trauern, werden nicht vergessen, sondern getröstet – von Gott und im Rahmen unserer wenigen Möglichkeiten auch ein klein wenig von uns.

Martin Luther King hat die Bedeutung dieser Sehnsucht und Hoffnung in seiner berühmten Rede so auf den Punkt gebracht: „Und die Herrlichkeit des Herrn wird offenbar werden … Das ist unsere Hoffnung … Mit diesem Glauben werde ich fähig sein, aus dem Berg der Verzweiflung einen Stein der Hoffnung zu hauen … Mit diesem Glauben werden wir fähig sein, zusammen zu arbeiten, zusammen zu beten, zusammen zu kämpfen …"[3] Gott sei Dank!

---

[1] Wengst, Klaus: „Wie lange noch?" Schreien nach Recht und Gerechtigkeit – eine Deutung der Apokalypse des Johannes, Stuttgart 2010, S. 221.

[2] Horkheimer, Max: Die Sehnsucht nach dem ganz Anderen. Ein Interview mit Kommentar von Helmut Gumnior, Hamburg 1970, S. 61f.

[3] King, Martin Luther: Testament der Hoffnung. Letzte Rede, Aufsätze und Predigten, Gütersloh [4]1981, S. 124.

2.3   Die Sanftmütigen
(Juni 2023)

„Selig sind die Sanftmütigen; denn sie werden das Erdreich besitzen." **(Mt 5,5)**

In der Einheitsübersetzung wird die dritte Seligpreisung so wiedergegeben: *„Selig die Sanftmütigen; denn sie werden das Land erben."*

Hintergrund ist ein Satz aus Psalm 37,11: *„Aber die Elenden werden das Land erben ..."* In der Septuaginta, der griechischen Übersetzung des Alten Testaments, die in der Urgemeinde benutzt wurde, wird an dieser Stelle nicht von den *„Elenden"*, sondern von den *„Sanftmütigen"* gesprochen.

Was aber ist „Sanftmut"? Das wird vor allem an Jesus selbst deutlich. Er sagt von sich: *„Nehmt auf euch mein Joch und lernt von mir; denn ich bin sanftmütig und von Herzen demütig; so werdet ihr Ruhe finden für eure Seelen. Denn mein Joch ist sanft, und meine Last ist leicht"* (Mt 11,29.30). Sanftmütig zu sein bedeutet also, anderen Menschen gegenüber Freundlichkeit und Milde walten zu lassen und ihnen keine Lasten aufzuladen.

Den Menschen, die wie Jesus sanftmütig sind, wird das Erdreich gehören. Gemeint ist die neue Erde, von der es in der Offenbarung des Johannes heißt: *„Und ich sah einen neuen Himmel und eine neue Erde; denn der erste Himmel und die erste Erde sind vergangen, und das Meer ist nicht mehr"* (Off 21,1).

Was soll man zu dieser Seligpreisung sagen – zumal in Zeiten wie diesen? Es ist momentan nicht die Stunde der Sanftmut. Es wirkt geradezu höhnisch, im Angesicht eines so brutalen und alle Menschlichkeit mit Füßen tretenden Eroberungskrieges noch von Sanftmut reden zu wollen. Wir leben mehr denn je in einer aggressiven Welt.

Wir sind mit dieser Frage nicht allein. Auch diese Seligpreisung war schon immer eine Provokation. Kurz vor dem zweiten Weltkrieg kommentierte Dietrich Bonhoeffer: „In jedem Wort, in jeder Gebärde wird es offenbar, dass sie [die Sanftmütigen] nicht auf diese Erde gehören."[1]

Das ist auch heute die vorherrschende Meinung – spätestens seit dem 24. Februar 2022. Heute gilt:

Wehrlos sind die Sanftmütigen,
die auf Zwang und Gewalt verzichten,
denn sie werden an die Wand gedrückt.

Ausgeliefert sind die Ohnmächtigen,
die keine Beziehungen
und keinen Einfluss haben,
denn sie werden wie Nullen behandelt.

Auf dem Abstellgleis sind,
die auf die Macht der Liebe
und auf die Waffen des Geistes setzen,
denn nicht Argumente zählen und Motive,
sondern Rang und Namen,
Einkommen und Vermögen,
Knüppel und Kanonen.[2]

Wer in unseren Tagen bzw. im Zusammenhang mit dem Krieg in der Ukraine von „Sanftmut" spricht und sie als Tugend preist, muss sich auf einen „Shitstorm" gefasst machen. Er kann froh sein, wenn er nur als „Naivling" belächelt wird.

---

[1] Bonhoeffer, Dietrich: Nachfolge, München [17]1988, S. 84.

[2] Fischer, Manfred: Niedergefahren zur Erde. Biblische Texte zum Glaubensbekenntnis – weitergeschrieben in unsere Zeit, Stuttgart [3]1980, S. 40.

20

In diesem Sinne hat auch Bonhoeffer die allgemeine Auffassung über die „Sanftmütigen" auf den Punkt gebracht, wenn er seine Ausführungen folgendermaßen fortsetzt: „Lasst ihnen den Himmel, sagt die Welt mitleidig, da gehören sie hin."[1]

Sagt die Welt. Aber Jesus nicht. Daher fährt Bonhoeffer fort: „Aber Jesus sagt: Sie sollen das Erdreich besitzen. Diesen Rechtlosen und Ohnmächtigen gehört die Erde. Die sie jetzt besitzen mit Gewalt und Unrecht, sollen sie verlieren, und die hier ganz auf sie Verzicht geleistet haben, die sanftmütig waren bis zum Kreuz, sollen die neue Erde beherrschen."[2]

> Jesus … erhebt … Einspruch.
> Er setzt auf die Gottesherrschaft,
> auf das, was Gott will, auf seine Liebe.
> Darum gilt:

> Selig sind die Gewaltlosen …,
> denn ihnen wird das Leben anvertraut von Gott.

> Selig sind, die mit der Liebe ernstmachen
> und sich selbst riskieren,
> ihren Besitz und ihr Leben,
> denn sie bringen ein Stück Himmel auf die Erde.
> Gott wird ihnen Zukunft geben.

> Selig sind, die auf Druck und Stärke verzichten,
> denn sie werden das Erdreich
> zur Heimat des Menschen machen.

> Selig sind, die sanftmütig bleiben
> trotz aller Provokationen,
> denn sie werden das Erdreich besitzen –

---

[1] Bonhoeffer: Nachfolge, S. 84.

[2] Bonhoeffer: Nachfolge, S. 84.

heute noch nicht, vielleicht auch nicht morgen, aber in der Zukunft Gottes.[1]

Worte aus einer anderen Welt. Faszinierend, aber auch irgendwie schwierig. Aber eigentlich sind diese Worte nur schwierig, wenn wir eine bessere Idee haben.

Haben wir die? Manchmal scheint es so. Realpolitiker haben viele Argumente zur Hand. Die Frage ist nur, ob die Welt sich nach ihnen richtet. Immer wieder gilt: „Es kommt erstens anders und zweitens als man denkt." So wichtig strategische Überlegungen sind – ob sie aufgehen, weiß man erst hinterher. Da sollten wir uns nichts vormachen.

Deshalb reichen strategische Überlegungen und Realpolitik nicht aus. Deshalb sind heilsame Provokationen gefragt. Provokationen, die uns auch mal auf andere Gedanken bringen können. Provokationen, die sich nicht damit abfinden, dass die Welt halt so ist wie sie ist, sondern daran erinnern, was eigentlich sein sollte.

„Wir hatten alles geplant. Wir waren auf alles vorbereitet. Nur nicht auf Kerzen und Gebete." Meinte Horst Sindermann, Mitgliedes des Zentralkomitees der SED, zur friedlichen Revolution im November 1989.

Wer mit „Kerzen und Gebeten" kommt, ist sanftmütig. Er wirkt naiv – und bewirkt am Ende mehr. Kerzen und Gebete" – das ist nicht einfach eine klügere Strategie oder der bessere Plan; es ist Nachfolge Jesu. Und die hat eine Verheißung: *„Selig sind die Sanftmütigen; denn sie werden das Erdreich besitzen."*

---

[1] Fischer: Niedergefahren zur Erde, S. 40.

2.4   Die nach Gerechtigkeit hungern
(Juli 2023)

*„Selig sind, die da hungert und dürstet nach der Gerech-
tigkeit; denn sie sollen satt werden." * (Mt 5,6)

Hunger und Durst kennen wir – allerdings nicht wirklich, nicht als existentielle Bedrohung. Andere schon.
Auch für die Zeitgenossen Jesu war die Sorge um Essen
und Trinken nicht banal, sondern dringlich. *„Nach der
Gerechtigkeit"* zu hungern und zu dürsten heißt also, mit
großer Dringlichkeit danach zu streben.

Aber was ist das – *„Gerechtigkeit"*? Als Kinder waren
wir der Auffassung: Gerecht ist, wenn jeder ein gleich
großes Stück von der Eistorte bekommt. Etwas erwach-
sener formuliert: Gerecht ist, dass jeder das bekommt,
was ihm zusteht und alle gleich behandelt werden.

In der vierten Seligpreisung aber geht's um mehr.
Wenn in der Bibel von *„Gerechtigkeit"* die Rede ist, ist eine
heilvolle Ordnung gemeint. Sie betrifft alle Lebensberei-
che – die Beziehung des Menschen zu seinen Mitmenschen, zur Natur und zu Gott. Es geht darum, *„dass Güte
und Treue einander begegnen, Gerechtigkeit und Friede sich
küssen; dass Treue auf der Erde wachse und Gerechtigkeit vom
Himmel schaue"* (Ps 85,11.12). Gerechtigkeit ist dort, wo
alles in Ordnung ist.

Menschen, *„die da hungert und dürstet nach der Gerechtigkeit"*, sind solche Leute, „die Ausschau halten, die auf
der Suche nach dem Großen, nach der wahren Gerechtigkeit, nach dem wahren Gut sind", hat Joseph Ratzinger in seinem Jesus-Buch geschrieben.[1] Aber nicht nur im

---

[1] Ratzinger, Josef: Jesus von Nazareth. Erster Teil: Von der Taufe im
Jordan bis zur Verklärung, Freiburg, Basel, Wien 2007, S. 121.

Stillen, als frommes Wünschen, sondern als eine Sehnsucht, die sich nicht damit abfindet, dass die Welt so ist, wie sie ist.

Angesprochen sind daher diejenigen, die sich um ein gerechtes Handeln bemühen. Ein ähnlicher Gedanke findet sich im Buch der Sprüche: *„Wer der Gerechtigkeit und der Güte nachjagt, der findet Leben und Ehre"* (Spr 1,21). Nicht nur von Gerechtigkeit träumen, sondern versuchen, gerecht zu sein und sich für eine gerechte Ordnung einsetzen.

Ein wenig Hartnäckigkeit und Ungeduld gehört sicher auch dazu. Natürlich kein Gerechtigkeitsfanatismus – aber eben auch kein Fatalismus, der über die Ungerechtigkeit in der Welt klagt und nicht im Traum daran denkt, etwas dagegen zu tun.

„Jesus will kein stilles Sehnen oder zartes Hoffen, er will Kämpfer für das Reich Gottes. Er selbst ist ein solcher Kämpfer und er weiß dabei Gott auf seiner Seite. Wenn wir uns für gerechte Verhältnisse stark machen, dann ist Gott mit uns. Wenn wir uns nicht abfinden mit der Zerstörung der Welt und der Menschen durch Krieg, Umweltverschmutzung und Ausbeutung, dann sagt Jesus zu uns: Selig seid ihr. Ihr kämpft meinen Kampf. Gott ist bei euch. Ihr werdet satt werden."[1]

Der Nachsatz *„denn sie sollen satt werden"* bleibt im Bild vom Hunger und Durst und richtet den Blick auf das Festmahl im Reich Gottes (Mt 22,1-10). An diesem Festmahl werden alle teilnehmen, die sich um Gerechtigkeit bemüht haben (Mt 22,11-14; 25,34-40). Das sind gute Aussichten – Aussichten, die uns motivieren, nicht aufzugeben, unseren Hunger und Durst nach Gerechtigkeit nicht

---

[1] Christoph Dinkel am 31.10.2017 in einer Predigt über Mt 5,6 anlässlich des Reformationsjubiläums in der Christuskirche Stuttgart.

zu betäuben, sondern dranzubleiben – im Beten und im Tun des Gerechten.

2.5 Die Barmherzigen
(August 2023)

„Selig sind die Barmherzigen, denn sie werden Barmherzigkeit erlangen!" (Mt 5,7)

Das Wort klingt altmodisch. Es kommt eigentlich nur noch in der Kirche vor. Oder in Berichten über Mutter Teresa – aber die ist bereits 1997 verstorben. Aktuell begegnet man fast nur noch der Negativform. „Unbarmherzig" oder „erbarmungslos" – diese Ausdrücke sind uns noch geläufig.

Auch jetzt wieder. Der Krieg in der Ukraine ist kaltblütig, grausam und unbarmherzig. Aber nicht nur dieser Krieg, sondern alle Kriege. Das ist das Wesen des Krieges. Man kann darüber streiten, ob es einen „gerechten Krieg" gibt. Die Debatte darüber ist ja neu entflammt. Unbarmherzig ist er aber in jedem Fall.

Sicher gibt es Unterschiede in der Kriegsführung. Offiziell hat man sich sogar auf Spielregeln geeinigt. Nicht alle halten sich daran. Aber selbst wenn: Wir sollten uns nicht täuschen – Krieg ist immer unbarmherzig. Wir verdrängen das. Beschönigend ist immer wieder davon die Rede, dass Soldaten „ausgeschaltet" wurden. Dabei wissen wir ganz genau, was das heißt: Sie wurden schwer verletzt oder getötet. Der Lyriker Hans-Christoph Neuert hat es so ausgedrückt.

Am Horizont
verblutet Leben

überall Sterben
Haß und Wut
keiner kann
die Qualen stillen
die das Morden
in die Herzen grub[1]

Jeder Krieg ist unbarmherzig und weckt das Schlechteste in den Menschen.

„Selig sind die Barmherzigen, denn sie werden Barmherzigkeit erlangen". Die Barmherzigkeit ist der Inbegriff der Liebeswerke, das Wichtigste in Gottes Gesetz (Mt 9,13; 12,7; 23,23).

Um welche Werke geht es? Jesus sagt: *„… Ich bin hungrig gewesen, und ihr habt mir zu essen gegeben. Ich bin durstig gewesen, und ihr habt mir zu trinken gegeben. Ich bin ein Fremder gewesen, und ihr habt mich aufgenommen. Ich bin nackt gewesen, und ihr habt mich gekleidet. Ich bin krank gewesen, und ihr habt mich besucht. Ich bin im Gefängnis gewesen, und ihr seid zu mir gekommen."* (Mt 25,35.36).

Dietrich Bonhoeffer hat es so ausgedrückt: Die Barmherzigen „haben nicht genug an eigener Not, eigenem Mangel, sondern sie machen sich auch noch fremder Not, fremder Niedrigkeit, fremder Schuld teilhaftig. Sie haben eine unwiderstehliche Liebe zu den Gerichten, Kranken, Elenden, zu den Erniedrigten und Vergewaltigten, zu den Unrechtleidenden und Ausgestoßenen, zu allem, was sich quält und sorgt …"[2]

Das ist alles andere als selbstverständlich. Aber es ist richtig und notwendig – und vor allem: Es ist christlich, weil unser Gott selbst barmherzig ist. Deshalb:

Selig sind,
die da Tränen abwischen,

---

[1] Neuert, Hans-Christoph: Traumspuren (zit. in www.aphorismen.de).
[2] Bonhoeffer: Nachfolge, S. 86.

die andere an ihrer Schulter weinen lassen
und ihnen Mut zusprechen,
denn sie werden Ermutigung erfahren.

Selig sind, die sich aufschrecken lassen
durch die Informationen und Bilder
denn ihr Mitgefühl ist unverzichtbar.

Selig sind, die sich kümmern um Menschen,
die aus den Kriegen in aller Welt
zu uns geflüchtet sind,
die sich nicht beirren lassen
durch Wegklagen und Ausfälligkeiten,
denn Gott sieht ihre Mühe und ihren Einsatz.[1]

„Selig sind die Barmherzigen, denn sie werden Barmherzigkeit erlangen". Damit ist das zukünftige Weltgericht angesprochen. Der Apostel Jakobus schreibt: *„Denn es wird ein unbarmherziges Gericht über den ergehen, der nicht Barmherzigkeit getan hat; Barmherzigkeit aber triumphiert über das Gericht"* (Jak 2,13). Der Mörder wird „nicht über das unschuldige Opfer triumphieren".[2] Auch wenn die Barmherzigen hier und heute manchmal das Nachsehen haben – am Ende sieht die Sache ganz anders aus. Gott sei Dank!

2.6   Die reinen Herzens sind
(August 2023)

„Selig sind, die reinen Herzens sind; denn sie werden Gott schauen." (Mt 5,8).

---

[1] Fischer: Niedergefahren zur Erde, S. 43.

[2] Horkheimer: Die Sehnsucht nach dem ganz Anderen, S. 62.

Beim Stichwort „Herz" denken wir automatisch an „Gefühl". Im biblischen Sprachgebrauch bedeutet dieser Begriff jedoch mehr als das. Er bezeichnet das „Innere des Menschen, den Sitz von Verstand, Gefühl und Willen, den Ort, wo die Entscheidungen des Lebens wirklich fallen"[1]. Das „Herz" ist das Zentrum unserer Persönlichkeit.

Es ist immer das Herz, das entscheidet, wohin sich der Verstand bewegt. Wenn ich eine Sache von Herzen will, dann sucht mein Verstand nach Wegen, diesen Willen auch umzusetzen. Wenn ich eine Sache von Herzen nicht will, dann finde ich 1000 Gründe dafür, warum es ganz und gar unmöglich ist, solches zu tun. Es ist eine Illusion zu glauben, wir würden unsere Entscheidungen allein aufgrund rationaler Erwägungen treffen. Das Herz ist immer beteiligt. Und weil unser Herz über unser Fühlen, Denken und Handeln entscheidet, ist ein „reines Herz" so wichtig.

Allerdings heißt es bereits beim Propheten Jeremia: *„Es ist das Herz ein trotzig und verzagt Ding; wer kann es ergründen?"* (Jer 17,9).

- Ich kann einem Menschen helfen, der in Not ist – einfach, weil es für mich selbstverständlich ist.
- Ich kann ihm helfen aus Dankbarkeit, weil er mir auch geholfen hat, als ich ihn brauchte.
- Ich kann ihm helfen aus der Überlegung heraus, dass es mir einen Vorteil bringen könnte, mich gut mit ihm zu stellen.
- Ich kann ihm helfen, damit das alle sehen und mich für einen guten Menschen halten.

---

[1] Schnelle, Udo: Neutestamentliche Anthropologie. Jesus – Paulus – Johannes, Neukirchen-Vluyn 1991, S. 122. Vgl. Mt 9,4; 12,35; Röm 1,24; 1 Kor 4,5.

- Ich kann ihm helfen aus Angst davor, dass andere schlecht über mich reden könnten, wenn ich es nicht tue.

Oft genug wird es so sein, dass eine Mischung vieler verschiedener Motive vorliegt – und wir uns selbst gar nicht ganz darüber im Klaren sind, was in unserem Herzen vorgeht.

Nun könnte man natürlich sagen: Es ist doch egal, warum jemand etwas macht – Hauptsache es wird geholfen. Aber Gott sieht das anders. Er beurteilt die Menschen nicht nur nach ihren Taten, sondern in erster Linie nach dem Zustand ihrer Herzen.

Wenn Jesus nun von einem reinen Herzen spricht, dann meint das so viel wie „unvermischt". Ein reines Herz hat keinerlei Hintergedanken. Es ist geradlinig und in gewisser Weise selbstvergessen – wie ein Kind, das völlig in sein Spiel vertieft ist.

Selig sind
die kindlich Naiven,
die anderen herzlich
und ohne Berechnung begegnen,
die sie werden im anderen den Menschen sehen:
Gottes Ebenbild.

Selig sind,
die sich kindliches Vertrauen bewahrt haben,
die ein Herz haben
und nicht nur einen kühlen Kopf,
denn sie werden mehr schauen als andere:
auch Gottes grundlose Güte.

Selig sind,
die ihre Gesinnung prüfen
und Hass und Vorurteile überwinden.
denn sie werden von Gottes Liebe ergriffen
für ein neues Leben.[1]

„Selig sind, die reinen Herzens sind …" Das ist gut und richtig – aber leichter gesagt als getan. Wie soll das gehen?

Der Schlüssel könnte ein altes Kindergebet sein: „Ich bin klein, mein Herz mach rein, soll niemand drin wohnen als Jesus allein."

In dem Moment, wo wir von Jesus Christus her leben, wo wir bei ihm unser Heil gefunden haben, wo wir auf ihn sehen und nicht mehr auf unsere guten Taten oder auf unsere Fehler, da wird das Herz aus seiner Verkrümmung befreit. Es dreht sich nicht mehr um sich selber, sondern richtet sich auf Gott aus. Und dadurch wird es rein – egal wie viel Gift sich noch darin befinden mag. Durch die Anwesenheit Jesu Christi wird unser Leben rein – weil er mit seinem Licht alles überstrahlt.

Menschen, *„die reinen Herzens sind"*, haben es nicht leicht:

Unglückselig sind,
die offen und geradeheraus sind,
denn sie werden sich wundstoßen
an Konvention und Sitte.

Verraten und verkauft
sind die Geradlinigen,
denn die Taktiker werden sie ausmanövrieren.

Verraten und verkauft
sind die Lauteren,

---

[1] Manfred Fischer: Niedergefahren zur Erde, S. 43f.

die ihre wahren Absichten zeigen,
dann sie werden schnell durchschaut werden,
und man lässt sie auflaufen.[1]

Das kann passieren. Aber Jesus Wort gilt: „*Selig sind, die reinen Herzens sind; denn sie werden Gott schauen.*" Und das bedeutet: Wir haben keinen Grund, schwarz zu sehen – wir werden Gott schauen.

Wenn Gottes Reich sich auf der ganzen Linie durchgesetzt hat, wird sich erfüllen, was auch der Apostel angekündigt hat: „*Wir sehen jetzt durch einen Spiegel ein dunkles Bild; dann aber von Angesicht zu Angesicht*" *(1 Kor 13,12)*. Wir werden Gott schauen.

Mögen andere uns für naiv und dumm halten, wenn wir für Frieden eintreten und für den Frieden beten – mit dieser Verheißung im Rücken sind wir glücklich.

2.7   Die Friedensstifter
(September 2023)

„*Selig sind, die Frieden stiften; denn sie werden Gottes Kinder heißen.*" *(Mt 5,9)*

Lange Zeit hieß es in der Lutherbibel: „*Selig sind die Friedfertigen, denn sie werden Gottes Kinder heißen*". Aber das griechische Wort, dass Luther mit „*die Friedfertigen*" übersetzt hat, meint nicht einfach nur Menschen, die niemandem etwas zuleide tun, sondern solche, „die sich, ohne eignes Interesse, gleichsam zwischen das Feuer zweier sich bekämpfender Parteien stellen und Frieden

---

[1] Manfred Fischer: Niedergefahren zur Erde, S. 43f.

zu stiften suchen"[1] „Friedfertige" Menschen mögen weder Streit noch Gewalt, sie sind verträglich und versöhnlich. „Friedensstifter" aber sind Menschen, die nicht nur selbst friedfertig sind, sondern gleichzeitig „befriedend" wirken.

Es ist Krieg, Krieg in Europa. Wir sehnen uns nach Frieden. „Friedensstifter" werden händeringend gesucht. Leichter gesagt als getan. Das Problem beginnt schon damit, dass wir gar nicht so genau wissen, wen oder was wir da suchen. Wer ist „Friedensstifter"? Der Pazifist in der Nachfolge Mahatma Gandhis? Oder der Soldat, der sein Land verteidigt? Es ist verwirrend: Sind Pazifisten „Kriegstreiber wider Willen"? Und Soldaten die wahren „Friedensaktivisten" – sofern sie auf der „richtigen" Seite stehen?

1873 kam ein neuer Revolver auf den Markt. Er war mit einer sechsschüssigen Trommel ausgestattet – eine Innovation der Waffentechnik und ein Verkaufsschlager. Wir kennen das Gerät, den Colt, aus Western. Er erhielt einen Spitznamen: „Peacemaker" wurde er genannt, „Friedensstifter". Von manchen wurde er allerdings auch „Witwenmacher" genannt.

Wer oder was also ist ein „Friedensstifter"? Und was ist Friede? Der Augenblick, wenn die Schießerei vorbei ist – so wie in dem Film „High noon" (12 Uhr mittags) mit Gary Cooper?

Dieser Film beginnt damit, dass Will Kane, ein beliebter Marshall die Quäkerin Amy Fowler heiratet. Für sie hat er seinen Posten aufgegeben – schließlich sind Quäker überzeugte Pazifisten. Sein Nachfolger soll am nächsten Tag eintreffen. Aber direkt nach der Trauung erhält

---

[1] Theologisches Wörterbuch zum Neuen Testament II, S. 418; vgl. Jak 3,13-18; Mt 5,44.45.

er die Nachricht, dass der Bandit Frank Miller, den er fünf Jahre zuvor ins Gefängnis gebracht und der ihm Rache geschworen hat, begnadigt worden ist – und mit dem Zug um zwölf Uhr mittags in die Stadt kommen wird. Die anderen Mitglieder seine Bande warten bereits am Bahnhof auf ihn.

Was soll er tun? Die Hochzeitsgäste und vor allem seine Frau Amy drängen ihn, die Stadt sofort zu verlassen. Das macht er auch – kehrt dann aber um, weil er die Stadt nicht den Banditen überlassen will. Seine Frau ist strikt dagegen und droht, ihn zu verlassen. Und die Bewohner der Stadt sind nicht bereit, ihn zu unterstützen. Also steht er allein. Es kommt zu einer wilden Schießerei.

Kane gelingt es, zwei Gefährten von Miller zu töten. Amy kann aus dem Hinterhalt – entgegen ihrer religiösen Überzeugung – das dritte Bandenmitglied töten, um ihren Mann zu retten. Dann wird sie als Geisel genommen. Es kommt zum Duell auf offener Straße. Im letzten Moment reißt Amy sich von Miller los; und ihr Mann kann auch ihn erschießen. Die Bewohner der Stadt kommen aus ihren Löchern, um den Sieg zu feiern. Doch Kane wirft den Marshallstern vor ihnen verächtlich in den Staub und verlässt mit seiner Frau die Stadt.

Wer also ist ein „Friedensstifter"? Genauer gefragt: Wer ist in Jesu Augen ein „Friedensstifter"?

Jesus ist sicher kein „Realpolitiker". Für ihn ist nicht entscheidend, ob die Maßnahmen als geeignet erscheinen, um ein bestimmtes Ziel zu erreichen. Jesus geht es um das, was wir heute tun und denken – nicht um das Ergebnis, nicht um den Erfolg. Die entscheidende Frage lautet: Entspricht das, was wir hier und heute tun und denken dem Reich Gottes? Das Reich Gottes ist ein Reich des Friedens. Gewalt ist deshalb für Jesus keine Option.

Damit tun wir uns schwer. „Mit der Bergpredigt kann man keine Politik machen!", soll Bismarck gesagt haben. Von Helmut Schmidt ist diese Aussage verbürgt. Haben die beiden recht?

Jein. Natürlich ist die Bergpredigt kein politisches Programm. Es ist – salopp gesagt – die „Regierungserklärung des Reiches Gottes". Und das ist etwas ganz Anderes.

Aber das ist nicht alles. Will Kane stand vor der Frage: Die Stadt verlassen bzw. sie ihrem Schicksal überlassen? Oder kämpfen? Der Krieg in der Ukraine stellt uns vor ganz ähnliche Fragen – auch uns Christen. Wenn Rückzug aus der Welt keine Option ist – was dann? Genauer: Wenn Rückzug aus der Welt keine Option ist – was machen wir dann mit der Botschaft Jesu?

Passen wir sie der „politischen Großwetterlage" an? Reduzieren wir sie auf unser Privatleben – und akzeptieren, dass in der „Welt da draußen" eben andere Spielregeln gelten? Schwierig! Aber was dann? Dazu abschließend zwei kurze Gedanken:

Erstens: Besser als die meisten Antworten, die in diesem Zusammenhang üblicherweise gegeben werden, ist es, die Frage als eine permanente Provokation offen zu lassen. Niemand hat die Weisheit und die Wahrheit für sich gepachtet. Jeder Weg ist mit „Risiken und Nebenwirkungen" verbunden.

Zweitens: Die Botschaft Jesu ist nicht nur eine Provokation, sondern auch eine Inspiration – damit wir die Friedensfrage in den Mittelpunkt stellen und nicht militärstrategische Fragen. „Was zählt ist der Frieden. Der Krieg zählt nur die Toten." (Michael Sebörk).

Übrigens: 1947 haben die Quäker für ihre zahlreichen Hilfsaktionen zugunsten der Opfer der beiden Weltkriege den Friedensnobelpreis bekommen. Wir können auch ohne Waffen etwas für den Frieden tun – vielleicht mehr als wir denken.

2.8 Die Verfolgten
(Oktober 2023)

„Selig sind, die um der Gerechtigkeit willen verfolgt werden; denn ihrer ist das Himmelreich." (Mt 5,10)

In der vierten Seligpreisung hieß es: *„Selig sind, die da hungert und dürstet nach der Gerechtigkeit; denn sie sollen satt werden"* (Mt 5,6). Sie richtete sich an Menschen, die sich darum bemühen, ein Leben nach dem Maßstab der Gerechtigkeit zu führen. Nun aber werden diejenigen unter ihnen besonders angesprochen, die gerade aufgrund ihres Einsatzes für Gerechtigkeit und Frieden in Schwierigkeiten geraten und verfolgt werden.

Es geht nicht einfach um Menschen, denen Unrecht geschieht und die verfolgt werden. Natürlich hat Jesus auch für sie ein Herz. Schließlich heißt es in der zweiten Seligpreisung: *„Selig sind, die da Leid tragen, denn sie sollen getröstet werden"* (Mt 5,4). Aber: Hier hat Jesus eine besondere Gruppe im Blick – nämlich diejenigen, *„die um der Gerechtigkeit willen verfolgt werden"*.

Dabei ist nicht an Menschen gedacht, die speziell aufgrund ihres Glaubens an Jesus Christus in Schwierigkeiten geraten. Um verfolgte Christen geht es in der letzten Seligpreisung. Natürlich wird es sich bei denen, *„die um der Gerechtigkeit willen verfolgt werden"*, in vielen Fällen auch um Christen handeln. Aber der Grund, weshalb sie verfolgt werden, ist hier nicht, dass sie an Jesus Christus glauben, sondern dass sie sich für Gerechtigkeit und Frieden einsetzen.

Gemeint sind also alle Menschen guten Willens, die – aus welchem Grund auch immer – für mehr Gerechtigkeit kämpfen und deshalb angefeindet werden. Schon immer haben sich in den Gefängnissen dieser Welt Menschen getroffen, die zwar unterschiedlicher Auffassung über Gott und die Welt waren, die aber trotzdem ganz ähnliche Ziele verfolgt haben: Gerechtigkeit, Menschenrechte, Frieden ...

Kurz nach dem Ende der nationalsozialistischen Gewaltherrschaft erklärte Martin Niemöller, Gründungsfigur der „Bekennenden Kirche" und nach dem Krieg viele Jahre Kirchenpräsident der Evangelischen Kirche von Hessen und Nassau:

„Als die Nazis die Kommunisten holten,
habe ich geschwiegen;
ich war ja kein Kommunist.
Als sie die Gewerkschaftler holten,
habe ich geschwiegen,
ich war ja kein Gewerkschaftler.
Als sie die Juden holten,
habe ich geschwiegen,
ich war ja kein Jude.
Als sie mich holten,
gab es keinen mehr,
der protestieren konnte."

Und tatsächlich hat sich Niemöller später immer wieder mit Menschen verbündet, die mit dem christlichen Glauben nicht viel am Hut hatten, aber – zur Zeit und zur Unzeit – für den Frieden in der Welt eingetreten sind.

„Selig sind, die um der Gerechtigkeit willen verfolgt werden; denn ihrer ist das Himmelreich." Auch heute gilt diese Seligpreisung nicht nur für Christen oder ein bestimmtes

politisches Lager. Verfolgung *„um der Gerechtigkeit willen"* gibt es in vielen Länder der Erde – und aktuell nicht nur in Russland, sondern leider auch in der Ukraine.

Keine Frage: Der Krieg in der Ukraine ist barbarisch. Russland, allen voran sein Präsident Wladimir Putin, hat ihn angezettelt. Seine Armee hat schwere Kriegsverbrechen begangen. Und die Opposition wird brutal unterdrückt. Aber Pazifisten und Kriegsdienstverweigerer haben es auch in der Ukraine schwer.[1] Natürlich werden sie nicht umgebracht – aber sie werden bedrängt. Wir verstehen, dass Regierung und Gesellschaft der Ukraine zurzeit wenig Verständnis für pazifistische Überzeugungen haben. Trotzdem ist es nicht in Ordnung, wenn Menschen in der Ukraine „um ihres Pazifismus willen bedrängt werden".

Es geht keinesfalls darum, diese Haltung der Ukraine mit dem völkerrechtswidrigen Angriff der Russen auf die Ukraine auf eine Stufe zu stellen. Aber die siebte Seligpreisung gilt auch denen, die „um ihres Pazifismus willen bedrängt werden" – unabhängig davon, in welchem Land der Erde sie leben und arbeiten.

Alle, *„die um der Gerechtigkeit willen verfolgt werden"*, müssen einen hohen Preis zahlen – und das, obwohl sie nichts Böses tun, sondern sich für das Gute einsetzen. Deshalb ist es so wichtig für sie zu wissen, dass Gottes Reich ihnen offensteht. Der Apostel Petrus drückt das so aus: *„Und wenn ihr auch leidet um der Gerechtigkeit willen, so seid ihr doch selig ... Denn es ist besser, wenn es Gottes Wille*

---

[1] https://www.wsws.org/de/articles/2023/08/18/fqxf-a18.html.
https://versoehnungsbund.de/2023-ukraine-friedensaktivist-yurii.
https://www.evangelisch.de/inhalte/203493/16-07-2022/friedensaktivist-kriegsdienstverweigerer-aus-der-ukraine-schuetzen.

ist, dass ihr um guter Taten willen leidet als um böser Taten willen" (1 Pt 3,14.17).

Jesus macht deutlich, dass alle, die zu ihren Werten und Grundüberzeugungen stehen, sich von Gott gehalten und begleitet wissen können. Er ist bei ihnen, auch wenn sie sich allein fühlen. Selig ist, wer sein Gewissen nicht preisgibt. Selig ist, wer zu dem steht, was wichtig und richtig ist – selbst, wenn er sich damit keine Freunde, sondern Feinde macht. Wer *„um der Gerechtigkeit willen verfolgt"* wird, darf hier und heute wissen, dass Gott zu ihm steht – und ihn am Ende der Zeiten in sein ewiges Reich aufnehmen wird – in den *„neuen Himmel"* und die *„neue Erde …, in denen Gerechtigkeit wohnt"* (2 Pt 3,13).

2.9 Die um Jesu Willen Verfolgten
(November 2023)

„Selig seid ihr, wenn euch die Menschen um meinetwillen schmähen und verfolgen und allerlei Böses gegen euch reden und dabei lügen. Seid fröhlich und jubelt; es wird euch im Himmel reichlich belohnt werden. Denn ebenso haben sie verfolgt die Propheten, die vor euch gewesen sind." **(Mt 5,11-12)**

In der letzten Seligpreisung wechselt die Anrede. Jetzt heißt es nicht mehr *„Selig sind …"*, sondern *„Selig seid ihr …"*. Jesus spricht also einige seiner Zuhörer ganz direkt und persönlich an. Es sind diejenigen, die an ihn glauben und deshalb diskriminiert werden: *„Selig seid ihr, wenn euch die Leute um meinetwillen schmähen und verfolgen und reden allerlei Übles gegen euch, wenn sie damit lügen"*.

Erinnern wir uns: *„Selig sind, die da geistlich arm sind … Selig sind, die da Leid tragen … Selig sind die*

Sanftmütigen ... Selig sind, die da hungert und dürstet nach der Gerechtigkeit ... Selig sind die Barmherzigen ... Selig sind, die reinen Herzens sind .... Selig sind, die Frieden stiften ... Selig sind, die um der Gerechtigkeit willen verfolgt werden ..." Dietrich Bonhoeffer bemerkt: „Hier am Ende der Seligpreisungen entsteht die Frage, welcher Ort ... einer solchen Gemeinde eigentlich noch bleibt." Und er stellt fest: Dieser Ort ist das Kreuz. „Die Gemeinde der Seliggepriesenen ist die Gemeinde des Gekreuzigten ..."[1]

Bonhoeffer hat das nicht nur geschrieben, sondern gelebt. Er ist den Weg des Kreuzes gegangen – bis zum Äußersten. Uns ist das erspart geblieben. Was kann uns schon groß passieren? Ein paar Bemerkungen, ein spöttisches Grinsen – das war's im Wesentlichen schon. Glücklicherweise. Es kann aber leicht wieder anders werden. Die letzten Wochen haben gezeigt, wie dünn das Eis ist.

Der Sohn einer Freundin meiner Frau lebt in Berlin. Er hat von einem guten Bekannten erzählt. Der ist Jude und wohnt in Neukölln. Seine Haustür wurde beschmiert. Außerdem wurden dort antisemitische Hetzschriften abgelegt. Nachts wird Sturm geklingelt. Der Staatsschutz muss auf ihn aufpassen. Er hat fünf Kilo abgenommen.

Was würde geschehen, wenn auch Christen in Neukölln demonstrieren würden – vielleicht mit einem Transparent mit dem Satz des Apostels Paulus: *„Hier ist nicht Jude noch Grieche ... denn ihr seid allesamt einer in Christus Jesus."* (Gal 3,28). Möglich, dass dann nicht nur Davidsterne an Hauseingänge geschmiert werden.

Die letzte Seligpreisung ist keine theoretische Möglichkeit: *„Selig seid ihr, wenn euch die Leute um meinetwillen schmähen und verfolgen und reden allerlei Übles gegen euch reden und dabei lügen ..."* Sie bleibt Theorie, wenn wir als

---

[1] Bonhoeffer: Nachfolge, S. 89.

Christen unter uns bleiben. Aber wenn wir im Namen Jesu unsere Stimme erheben und z.B. deutlich machen, dass Antisemitismus nicht mit dem Glauben an Jesus Christus vereinbar ist ... Wer sich einsetzt, setzt sich aus. Und dann kommt als erstes die üble Nachrede. Heute geht das noch schneller als damals.

Umso wichtiger wäre es, dass wir selbst keine „Leichen im Keller" haben. *„Selig seid ihr, wenn euch die Menschen um meinetwillen schmähen und verfolgen und allerlei Böses gegen euch reden und dabei lügen."* Die Skandale der letzten Jahre haben der moralischen Autorität unserer Kirchen jedoch schwer geschadet.

Aber es hilft nichts: Wir müssen Flagge zeigen – auch wenn uns entgegengehalten wird, dass wir doch erst mal vor der eigenen Haustüre kehren sollen. Das müssen wir tun – aber das andere, das öffentliche Bekenntnis, können wir nicht lassen. Um Jesu willen, der sich aufgeopfert hat: Nicht nur für die Frommen. Nein, für alle Welt.

Jesus ruft allen, die um ihres Glaubens willen verfolgt werden, zu: *„Seid fröhlich und getrost (wörtl.: jubelt)"*. Weil im Reich Gottes eine große Belohnung bereit liegt: *„Es wird euch im Himmel reichlich belohnt werden"*.

Warum sollen Nachfolger Jesu, die um ihres Herrn willen verfolgt werden, jubeln? Weil sie damit in der „Tradition" der alttestamentlichen Propheten stehen: *„Denn ebenso haben sie verfolgt die Propheten, die vor euch gewesen sind"* (z.B. 1 Kön.19; Jer 37,11-16).

Auch diese Schlussbemerkung zeigt: Juden und Christen gehören zusammen. Nicht nur historisch und theologisch – so wichtig und richtig beides ist. Es geht um mehr. Dietrich Bonhoeffer hat es auf eine kurze Formel gebracht: „Nur wer für die Juden schreit, darf gregorianisch singen."

Und manchmal ist ein stilles gemeinsames Schweigen lauter, als alle Megaphone. Das ist heute der Plan, wenn im Anschluss an dieses Friedensgebet hier in Darmstadt ein Schweigemarsch gegen Antisemitismus stattfindet. Machen Sie also mit. Auch wenn nicht alle Menschen, denen wir gleich begegnen werden, uns verstehen oder uns zustimmen. Es wird uns im Himmel reichlich belohnt werden!

3   Die Waffenrüstung Gottes

3.1   Die Waffenrüstung Gottes anziehen
(Januar 2024)

„Zuletzt: Seid stark in dem Herrn und in der Macht seiner Stärke. Zieht an die Waffenrüstung Gottes, damit ihr bestehen könnt gegen die listigen Anschläge des Teufels. Denn wir haben nicht mit Fleisch und Blut zu kämpfen, sondern mit Mächtigen und Gewaltigen, mit den Herren der Welt, die über diese Finsternis herrschen, mit den bösen Geistern unter dem Himmel. Deshalb ergreift die Waffenrüstung Gottes, damit ihr an dem bösen Tag Widerstand leisten und alles überwinden und das Feld behalten könnt.
So steht nun fest, umgürtet an euren Lenden mit Wahrheit und angetan mit dem Panzer der Gerechtigkeit und beschuht an den Füßen, bereit für das Evangelium des Friedens. Vor allen Dingen aber ergreift den Schild des Glaubens, mit dem ihr auslöschen könnt alle feurigen Pfeile des Bösen, und nehmt den Helm des Heils und das Schwert des Geistes, welches ist das Wort Gottes.“ **(Eph 6,10-17)**

Seit Beginn des Krieges in der Ukraine geht es immer wieder um Waffenlieferungen. Sie sollen entscheidend dazu beitragen, dass die Ukraine sich verteidigen kann, dass sie den Krieg gewinnt bzw. nicht verliert.

Im heutigen Friedensgebet geht es auch um Waffen – und zwar um die *„Waffenrüstung Gottes“*, von der im sechsten Kapitel des Briefs an die Gemeinde in Ephesus die Rede ist. Für heute und die kommenden Monate habe ich mir vorgenommen, meine biblischen Impulse zu den Friedensgebeten über diese besondere *„Waffenrüstung“*

zu gestalten. Dabei wird jeweils ein anderer Bestandteil dieser „Waffenrüstung" im Mittelpunkt stehen. Heute geht es aber einleitend um die Frage, wofür diese Waffen gebraucht werden.

Es geht um „Stärke". Schwäche kann man sich in Kriegszeiten nicht leisten. Aber welche Art von Stärke ist nötig? Innere Stärke? Militärische Stärke? Wirtschaftliche Stärke? Paulus sagt: „Seid stark in dem Herrn und in der Macht seiner Stärke."

Das klingt fromm – und harmlos. Ist es aber nicht. Denn die „Macht seiner Stärke", die Macht der Stärke Gottes, zeigt sich z.B. in der Auferweckung Jesu – also in der Überwindung des Todes (Eph 1,18-20): „Und er gebe euch erleuchtete Augen des Herzens, damit ihr erkennt, ... wie überschwänglich groß seine Kraft an uns ist, die wir glauben durch die Wirkung seiner mächtigen Stärke. Mit ihr hat er an Christus gewirkt, als er ihn von den Toten auferweckt hat ..."

Die Stärke Gottes ist stärker als der Tod. In der „Macht seiner Stärke" sind wir daher stark – nicht aus uns heraus, sondern durch unsere Verbindung mit Gott bzw. seiner Verbindung mit uns. „Seid stark ... in der Macht seiner Stärke." Deshalb der Aufruf: „Zieht an die Waffenrüstung Gottes".

Wozu dient die „Waffenrüstung Gottes"? Sie dient dazu, dass wir „gegen die listigen Anschläge des Teufels" bestehen können. Es ist der Teufel los! Nicht nur in Kriegszeiten, aber vor allem dann. Wir „haben nicht mit Fleisch und Blut zu kämpfen, sondern mit Mächtigen und Gewaltigen, mit den Herren der Welt, die über diese Finsternis herrschen, mit den bösen Geistern unter dem Himmel". Dämonische Mächte treiben ihr Unwesen.

„Das Dämonische ist dasjenige, was durch Verstand und Vernunft nicht aufzulösen ist", meinte Johann Wolfgang von Goethe. Und mit Verstand und Vernunft ist nicht zu begreifen, was sich in der Ukraine und im Nahen Osten abgespielt hat und immer noch abspielt.

Mit einem Mal und ohne Vorwarnung sind die zivilisatorischen Dämme gebrochen, die wir mit vielen Gesetzen und Konventionen meinten, gesichert zu haben. Und nun wird das Edle und Gute im Menschen überrannt, auf das wir so stolz waren. Auf einmal sind da Mächte am Werk, deren zerstörerisches Wirken wir nicht mehr für möglich gehalten haben.

Natürlich haben diese *„Mächtigen und Gewaltigen"* auch Namen. Und die müssen auch genannt werden. Aber: Diese *„Mächtigen und Gewaltigen"* umgibt ein „dunkles Geheimnis" – ein sehr dunkles Geheimnis.

Diese dämonischen Mächte zu unterschätzen – z.B. dadurch, dass wir an ihren Verstand und ihre Vernunft appellieren – wäre töricht.

> Der alt böse Feind,
> mit Ernst er's jetzt meint;
> groß Macht und viel List
> sein grausam Rüstung ist.
> Auf Erd ist nicht seins Gleichen.

Es gibt teuflische Mächte, die wir nicht beherrschen.

> Mit unsrer Macht ist nichts getan,
> wir sind gar bald verloren …

Deshalb gibt es nur eine Lösung:

> … es streit't für uns der rechte Mann,
> den Gott selbst hat erkoren.
> Fragst du, wer der ist?
> Er heißt Jesus Christ,
> der Herr Zebaoth,
> und ist kein andrer Gott;
> das Feld muss er behalten!

Was also sollen wir tun? *„Deshalb ergreift die Waffen-rüstung Gottes, damit ihr an dem bösen Tag Widerstand leisten und alles überwinden und das Feld behalten könnt."*

„Widerstand leisten", „das Feld behalten" – es geht also nicht um einen Angriffskrieg, sondern um Verteidigung. Paulus ruft „zu den Waffen". Aber die Waffen, die für diese Verteidigung notwendig sind und von denen wir noch im Einzelnen hören werden, sind ganz anders als das, was Rheinmetall und andere Waffenfabrikanten liefern. Sie kommen von Gott.

Wir haben mehr Angst als wir zugeben. Gott aber gibt uns Waffen gegen alles, was Angst macht. Wir brauchen nicht auf die Mächte der Zerstörung zu starren wie das Kaninchen auf die Schlange. Wir sind gut gerüstet – weil Gott stärker ist als der Tod, weil er diese Welt in seinen Händen hält und weil sein Reich kommt – und wir deshalb glauben dürfen, dass nichts und niemand uns von seiner Liebe trennen kann.

Der Apostel Paulus sagt (Röm 8,38.39): *„Denn ich bin gewiss, dass weder Tod noch Leben, weder Engel noch Mächte noch Gewalten, weder Gegenwärtiges noch Zukünftiges, weder Hohes noch Tiefes noch irgendeine andere Kreatur uns scheiden kann von der Liebe Gottes, die in Christus Jesus ist, unserm Herrn."*

So können wir leben.

3.2   Der Gürtel
(Januar 2024)

**„Zieht an die Waffenrüstung Gottes, damit ihr bestehen könnt gegen die listigen Anschläge des Teufels ... So steht nun fest, umgürtet an euren Lenden mit Wahrheit ..."
(Eph 6,11.14a)**

„Was ist Wahrheit?", hat der Statthalter Pontius Pilatus Jesus entgegnet, als er ihn verhörte (Joh 18,38). Jesus hatte doch tatsächlich gesagt: „Ich bin dazu geboren und in die Welt gekommen, dass ich die Wahrheit bezeuge ..." (Joh 18,37). Mit dieser Aussage konnte der Machtpolitiker Pontius Pilatus nichts anfangen. „Was ist Wahrheit?"

Für Paulus ist „Wahrheit" vor allem das Evangelium. Im ersten Kapitel des Briefs an die Epheser heißt es: „In ihm [in Jesus Christus] seid auch ihr, die ihr das Wort der Wahrheit gehört habt, nämlich das Evangelium von eurer Rettung – in ihm seid auch ihr... versiegelt worden mit dem Heiligen Geist ..." (Eph 1,13).

Im Zusammenhang mit der „Waffenrüstung Gottes" wird uns nun gesagt: „So steht nun fest, umgürtet an euren Lenden mit Wahrheit ..." Wir können uns einen römischen Legionär vorstellen, wie wir ihn aus den Asterix-Heften kennen. Als erstes zieht der römische Soldat ein Untergewand an. Bei Asterix tragen alle Legionäre grün. Aber das ist egal. Es geht ja um den Gürtel. An ihm hängt das Schwert. Aber zunächst einmal ist der Gürtel dafür da, um das Untergewand hochzuziehen und festzuhalten. Warum? Damit der Legionär sich im Kampf frei bewegen kann.

Soweit unser kurzer Ausflug in die antike Waffenkunde. Was aber bedeutet das im Zusammenhang mit der „Waffenrüstung Gottes"? „Umgürtet ... mit Wahrheit" – das soll dann wohl heißen, dass die Wahrheit des Evangeliums dafür sorgt, dass wir nicht so schnell ins Stolpern geraten.

Durch den Krieg in der Ukraine ist vieles ins Stolpern geraten. Robert Lind, Volkswirt einer einflussreichen Investmentgesellschaft (Capital Group), meinte schon vor Monaten: „Tiefe und Dauer der Rezession werden weitgehend von zwei Faktoren abhängen: Dem Krieg und dem Wetter. Beides lässt sich nicht vorhersagen." Die Energiekosten sind gestiegen und was in zwei Jahren ist, kann niemand sagen. Das ist schlecht für die Wirtschaft. Sie stottert und stolpert so vor sich hin.

Der Politik geht's nicht viel besser. Die Weltordnung ist durcheinandergeraten. Es gibt nämlich inzwischen nicht nur zwei Blöcke, die sich gegenüberstehen. Nun ist von einer „multipolaren Weltordnung" die Rede. Klingt harmlos – etwa nach Vielfalt. Aber im Klartext bedeutet es: Die Anzahl der Mächte, die eine wichtige Rolle spielen und ihre eigenen Interessen verfolgen, ist deutlich gestiegen. Und das macht alles noch schwieriger, als es sowieso schon ist.

Und bei uns zu Hause? Die „Ampel" hat es ganz schön erwischt. Als die drei Parteien ihr Bündnis geschmiedet haben, hat niemand geahnt, dass nur drei Monate später Krieg in Europa herrscht und dieser Krieg die Agenda bestimmt.

Von einer „Zeitenwende" war dann die Rede. Es ist aber eine Sache, diesen Begriff in die Welt zu setzen – und eine ganz andere, die „Zeitenwende" gut zu managen. Spätestens beim Geld hat die Freundschaft innerhalb der Ampel aufgehört. Schließlich kann man jeden Euro nur einmal ausgeben. Und wenn die Ausgaben des Staates steigen und vielleicht sogar die Einnahmen sinken, ist der Streit darüber, wofür man Geld ausgeben soll und wieviel, quasi vorprogrammiert. Und so stolpert unsere Regierung so vor sich hin. Würde eine neue Regierung das wirklich sehr viel besser hinkriegen? Ich bin mir da nicht so sicher.

Nicht zuletzt haben auch viele Weltbilder einen Knacks abbekommen. Schon vor dem Krieg haben wir nicht mehr so euphorisch von Fortschritt gesprochen. Und nun das.

Das ist eine enorme Herausforderung. Seit mehr als 20 Jahren können wir beobachten, dass jede neue Krise eigenwillige Erklärungsversuche hervorruft und diese immer mehr Resonanz finden. Inzwischen wimmelt es von Verschwörungstheorien – nicht nur im Internet. Auch mental ist viel ins Stolpern geraten.

„So steht nun fest, umgürtet an euren Lenden mit Wahrheit ..." Was heißt das für uns heute? Die *„Wahrheit"*, mit der wir *„umgürtet"* sind und die uns vor dem Stolpern bewahren kann, ist *„das Evangelium"* von unserer *„Rettung"*, die *„Wahrheit des Evangeliums"* (Gal 2,5.14). In Jesus Christus hat sich Gott mit uns solidarisiert, ist in diese kaputte Welt gekommen, ist für uns gestorben. Und er ist auferstanden und gen Himmel gefahren. „Von dort wird er kommen, zu richten die Lebenden und die Toten." Jesus ist Sieger!

Das ist der beste Schutz gegen Verschwörungstheorien aller Art, die davon ausgehen, dass finstere Mächte im Geheimen über diese Welt regieren. Natürlich gibt es finstere Mächte; aber Jesus Christus regiert. Und sein Wort gibt Orientierung – auch und gerade in einer Zeit, in der alte Weltbilder zerplatzen und viele sich ein neues Weltbild zusammenbasteln – und so auch Theorien entstehen, die bis oben hin voller Hass sind.

Mahatma Gandhi hat uns Christen folgenden Satz ins „Stammbuch" geschrieben: „Ihr Christen habt in eurer Obhut ein Dokument mit genug Dynamit in sich, die gesamte Zivilisation in Stücke zu blasen, die Welt auf den Kopf zu stellen; dieser kriegszerrissenen Welt Frieden zu bringen. Aber ihr geht damit so um, als ob es bloß ein Stück guter Literatur ist, sonst weiter nichts." Er meinte damit vor allem die Bergpredigt. Das sollten wir uns eigentlich nicht zweimal sagen lassen. Nicht um die Ehre des Christentums zu verteidigen, sondern damit wir nicht ins Stolpern geraten.

Immer wieder beten wir:

> „Herr,
> mach mich zu einem Werkzeug deines Friedens,
> dass ich liebe, wo man hasst;
> dass ich verzeihe, wo man beleidigt;
> dass ich verbinde, wo Streit ist;
> dass ich die Wahrheit sage, wo Irrtum ist …"

Gott erhört Gebet. Er stellt uns seine Waffenrüstung zur Verfügung. *„So steht nun fest, umgürtet an euren Lenden mit Wahrheit …"*

3.3   Der Brustpanzer
(Februar 2024)

„Zieht an die Waffenrüstung Gottes, damit ihr bestehen könnt gegen die listigen Anschläge des Teufels … So steht nun fest, umgürtet an euren Lenden mit Wahrheit und angetan mit dem Panzer der Gerechtigkeit … " (Eph 6,11.14)

„Umgürtet … mit Wahrheit". Der Gürtel diente dazu, das Untergewand hochzuziehen und festzuhalten – damit der Legionär sich im Kampf frei bewegen kann. Die Wahrheit des Evangeliums sorgt dafür, dass Christen nicht so schnell ins Stolpern geraten (vgl. 3.2).

Was aber ist der *„Panzer der Gerechtigkeit"*? Gemeint ist der schuppenförmige Brustpanzer. Weil er die inneren Organe schützte, war er extrem wichtig. Wenn sie durch ein Schwert oder eine andere Waffe eines Feindes verletzt wurden, führte das fast immer zum Tod.

Was aber ist hier mit „*Gerechtigkeit*" gemeint? Und inwiefern ist diese „*Gerechtigkeit*" ein schützender „*Panzer*"?

Wenn hier von „*Gerechtigkeit*" die Rede ist, geht es sicher nicht um etwas, was wir Menschen auf die Reihe kriegen. Schon weil es in diesen Versen um die Waffenrüstung Gottes geht. Und es ist doch mehr als fraglich, ob uns unsere eigene Gerechtigkeit „*gegen die listigen Anschläge des Teufels*" schützen könnte. Außerdem können wir uns zwar um Gerechtigkeit bemühen – aber „Mühe allein genügt nicht". Deshalb ist hier wohl Gottes Gerechtigkeit gemeint.

Der Begriff der „Gerechtigkeit Gottes" ist oft missverstanden worden, z.B. in dem Sinn, dass Gott nicht nur Liebe, sondern auch Gerechtigkeit ist. Die Gerechtigkeit Gottes wäre dann vielleicht nicht das genaue Gegenteil von der Liebe Gottes – aber doch etwas, was in Spannung zu ihr steht. Vorzugsweise denkt man dann an Gott als Richter, vor dem man Angst haben muss.

Ein tragisches Missverständnis. Bereits im Alten Testament ist „Gottes Gerechtigkeit" einfach ein anderes Wort für die Liebe und Treue Gottes zu den Menschen. So betet der Psalmist (Ps 143,1-2): „*… Erhöre mich in deiner Treue, in deiner Gerechtigkeit! Gehe nicht ins Gericht mit deinem Knecht! …*" Weil Gott gerecht ist, soll und wird er gerade nicht mit uns ins Gericht gehen.

Und auch vom „*Panzer der Gerechtigkeit*" ist schon im Alten Testament die Rede – und zwar im Zusammenhang mit der Waffenrüstung Gottes. So heißt es beim Propheten Jesaja (Jes 59,16.17): „*Und er [Gott] sah, dass niemand auf dem Plan war, und war bestürzt, dass niemand einschritt. Da half er sich selbst mit seinem Arm, und seine Gerechtigkeit stand ihm bei. Er zog Gerechtigkeit an wie einen Panzer und setzte den Helm des Heils auf sein Haupt und zog an das Gewand der Rache und kleidete sich mit Eifer wie mit einem Mantel.*" Gottes Gerechtigkeit, das ist also Gottes heilschaffende Macht.

„So steht nun fest, ... angetan mit dem Panzer der Gerechtigkeit ..." Paulus möchte also, dass wir im Vertrauen auf Gottes Gerechtigkeit bzw. seine heilschaffende Macht leben. Immer, jeden Tag – aber ganz besonders in unseren Zeiten bzw. in einer Welt, die aus den Fugen geraten ist.

Gott schafft Heil und Gerechtigkeit. Schon jetzt. Und am Ende der Zeiten wird Gott auch sichtbar die Zügel in die Hand nehmen. Er wird die Tränen trocknen und die tiefen Wunden heilen. Alles, ja alles, wird gut werden (vgl. Off 21,1-5).

Klingt zu schön, um wahr zu sein. Aber eine Welt, in der „Gerechtigkeit wohnt" (2 Pt 3,13), ist mehr als ein Traum. Unsere Möglichkeiten sind begrenzt – aber Gottes Möglichkeiten nicht. Er führt alles zum Ziel.

„Gott zu vertrauen heißt ..., auf mehr zu hoffen, als die eigenen Kräfte." Es ist eine „große Lebenserleichterung, nicht für die Welt einstehen zu müssen und ihr Garant sein zu müssen."[1] Das bewahrt vor Verzweiflung.

Und noch mehr: Wenn wir auf dieser Grundlage, mit dem „Panzer der Gerechtigkeit Gottes", an der Welt arbeiten, ist „unsere Arbeit in einem tiefen Sinn gewaltlos". Denn dann müssen wir „die Welt nicht ins Heil peitschen ... Gott steht für das Ganze, nicht wir."[2] Dann werden wir in unserem Einsatz für Gerechtigkeit nicht nur vor Verzweiflung, sondern auch vor Verzweiflungshandlungen bewahrt, die schließlich alles nur noch schlimmer machen.

Stattdessen können wir mit Martin Luther King sprechen:

---

[1] Steffensky, Fulbert: Wo der Glaube wohnen kann, Stuttgart 1989, S. 60.

[2] Steffensky: Wo der Glaube wohnen kann, S. 60.

Wenn unsere Tage verdunkelt sind
und unsere Nächte finsterer
als tausend Mitternächte,
so wollen wir stets daran denken,
dass es in der Welt eine große,
segnende Kraft gibt, die Gott heißt.

Gott kann Wege aus der Ausweglosigkeit weisen.
Er will das dunkle Gestern
in ein helles Morgen verwandeln –
zuletzt in den leuchtenden Morgen der Ewigkeit.[1]
Deshalb ist der Einsatz und unser Gebet für Frieden
und Gerechtigkeit gegen allen Augenschein eine Erfolgs-
geschichte. Die Hoffnung auf Frieden und Gerechtigkeit
ist begründet; und sie hat eine echte Chance. Es ist keine
vergebliche Liebesmüh, sich der Gerechtigkeit hier und
heute zu verschreiben. Ihr gehört die Zukunft – weil die
Zukunft Gott gehört.

Das ist der Panzer der Gerechtigkeit. Und so können
wir leben und arbeiten.

3.4   Die Schuhe
(Juni 2024)

*Zieht an die Waffenrüstung Gottes, damit ihr bestehen
könnt gegen die listigen Anschläge des Teufels ... So steht
nun fest, umgürtet an euren Lenden mit Wahrheit und angetan mit dem Panzer der Gerechtigkeit und beschuht an
den Füßen, bereit für das Evangelium des Friedens ...*
(Eph 6,11.14-15).

---

[1] Zit. in: Kühner, Axel: Zuversicht für jeden Tag, Neukirchen-Vluyn
2001, S. 62.

„... *beschuht an den Füßen, bereit für das Evangelium des Friedens*". Gemeint sind wohl die Caligae, die Marschstiefel des römischen Militärs. Das war eine Art Sandale. Ihre Sohle war ca. 8 Millimeter dick. Die Unterseite war mit 80 bis 90 Eisennägeln besetzt. Sie schützten die Sohle vor Abnutzung und waren so angeordnet, dass sie den Fuß ergonomisch unterstützten. Gutes Schuhwerk ist wichtig – vor allem, wenn man meilenweit geht.

Paulus war auch zu Fuß unterwegs. In den meisten Bibelausgaben finden wir Karten mit den Routen seiner Missionsreisen. Er ist mindestens so viel marschiert, wie ein römischer Legionär. Aber er war in ganz anderer Mission unterwegs. Die römische Armee sprach zwar auch vom Frieden – vom „Pax Romana", dem „römischen Frieden". Aber dieser Friede beruhte auf militärischer Überlegenheit. Paulus aber hat das *„Evangelium des Friedens"* in die Welt getragen.

Was ist das *„Evangelium des Friedens"*? Es geht natürlich um Jesus Christus – um wen sonst? *„Er ist unser Friede ..."*, heißt es im zweiten Kapitel des Briefs an die Epheser (2,14a). Aber inwiefern ist Jesus Christus *„unser Friede"*? Es geht nicht etwa um „inneren Frieden" – also um etwas, das sich ausschließlich in unserer Seele abspielt. Es geht um Frieden zwischen verfeindeten Parteien.

Ist der „Friede mit Gott" gemeint? Sicher auch. *„Da wir nun gerecht geworden sind durch den Glauben, haben wir Frieden mit Gott durch unsern Herrn Jesus Christus"*, schreibt Paulus im Brief an die Römer (5,1) und bring damit das Evangelium auf den Punkt. Aber im Epheserbrief liegt die Pointe darin, dass dieses Evangelium auch Frieden zwischen Menschen schafft. Denn dort heißt es (2,17): *„Und er ist gekommen und hat im Evangelium Frieden verkündigt euch, die ihr fern wart, und Frieden denen, die nahe* *waren.*" Mit denen, die *„fern"* waren, sind hier die „Heiden" gemeint – und mit denen, die *„nahe waren"* entsprechend die Juden. Beiden, Juden und Heiden, hat Jesus Christus *„im Evangelium Frieden verkündigt"*. Mit welchem Ziel? Damit er *„die beiden versöhne mit Gott in einem Leib durch das Kreuz ..."* (2,16). Durch Christus sind wir mit Gott versöhnt. Das ändert alles – auch unser Miteinander. Es geht nicht nur darum, dass der einzelne Mensch mit Gott versöhnt ist, sondern dass das Evangelium Menschen zusammenführt – *„in einem Leib"*, womit natürlich die Kirche gemeint ist.

Das *„Evangelium des Friedens"* bringt Menschen zusammen. Es gibt nur einen Gott. Und der hat sich mit Haut und Haaren für uns eingesetzt. Diese „gute Nachricht", dieses *„Evangelium"*, schafft auch Frieden zwischen Menschen. Der Glaube an Jesus Christus trennt nicht, sondern vereint.

Dieses *„Evangelium des Friedens"* soll in die ganze Welt hinausgetragen werden. Deshalb sollen Christen festes Schuhwerk tragen. Wir könnten geneigt sein, an einen Friedensmarsch zu denken. Es muss ja keine Radtour in die Ukraine oder den Nahen Osten sein – wie an dieser Stelle schon mal vorgeschlagen wurde. Man kann auch marschieren. An Ostern zum Beispiel – beim Ostermarsch für den Frieden. Martin Luther King hat den „Marsch auf Washington für Arbeit und Freiheit" angeführt und zum Abschluss seine fulminante Rede mit dem Refrain „I have a dream" gehalten.

Aber es muss kein Marsch im buchstäblichen Sinne sein. Rudi Dutschke, Führer des politischen Arms der 68er-Bewegung und von Haus aus Christ, sprach vom „langen Marsch durch die Institutionen". In diesem Sinn kommt es heute darauf an, uns überall dort, wo wir Einfluss haben, für Frieden und Versöhnung einzusetzen.

Und uns auch darum zu bemühen, Einfluss zu gewinnen – nicht zuletzt indem wir uns in Parteien und zivilgesellschaftlichen Gruppen engagieren, um der Stimme des Friedens mehr Gehör zu verschaffen.

Wenn es gilt, das *„Evangelium des Friedens"* weiterzutragen, sind aber nicht nur große Aktionen gefragt. „Viele kleine Leute, die an vielen kleinen Orten viele kleine Dinge tun, können das Gesicht der Welt verändern." Das klingt nicht nur gut – das stimmt sogar. Daher versammeln wir uns hier, um für den Frieden zu beten. Und an vielen anderen Orten geschieht das gleiche.

Manchmal haben wir vielleicht die Hausschuhe der Gleichgültigkeit an. Oder wir tragen die Laufschuhe der Angst. Auch die Stöckelschuhe des Stolzes sind beliebt. Wir sollen aber die Schuhe der Bereitschaft, das Evangelium des Friedens weiterzugeben, tragen. Bitten wir also Gott darum, uns immer wieder diese Bereitschaft zu schenken, auch in unserem Alltag, da, wo wir uns tagtäglich befinden. Für den Frieden zu beten und das „Evangelium des Friedens" in Wort und Tat in unsere Gesellschaft hinauszutragen.

3.5   Der Schild
(Juli 2024)

„Zieht an die Waffenrüstung Gottes, damit ihr bestehen könnt gegen die listigen Anschläge des Teufels ... Vor allen Dingen aber ergreift den Schild des Glaubens, mit dem ihr auslöschen könnt alle feurigen Pfeile des Bösen ..." **(Eph 6,11.16)**

Alle Bestandteile einer Waffenrüstung sind wichtig, einige aber unverzichtbar. Damals – bei den römischen Legionären – war es u.a. das Langschild. „Thyra" wurde es genannt – weil es fast so groß war eine Tür. Es schützte den ganzen Körper des Soldaten. Wenn der Gegner seine Brandpfeile abschoss, rückten alle Soldaten eng zusammen und hielten ihre Schilde vor sich und über sich. So konnten sie den Pfeilhagel der Feinde leichter abwehren.

Auch bei der *„Waffenrüstung Gottes"* haben alle Bestandteile einen Sinn. Der *„Schild des Glaubens"* aber ist überlebenswichtig. Denn damit können *„alle feurigen Pfeile des Bösen"* abgewehrt werden. Mit dem *„Bösen"* ist der Teufel gemeint. Schließlich ist die *„Waffenrüstung Gottes"* dazu da, um *„gegen die listigen Anschläge des Teufels"* zu *„bestehen"*.

Und was sind die *„feurigen Pfeile des Bösen"*? Das wird nicht genau gesagt. Aber wir dürfen hier an alles denken, was uns existentiell bedroht. Bomben und Raketen gehören auch dazu. Und neuerdings auch Drohnen.

Für die Menschen in der Ukraine und im Gazastreifen sind diese *„feurigen Pfeile des Bösen"* ganz real. Sie bedrohen aber auch uns. Sie stellen vieles in Frage. Krieg in Europa? Das hätten wir bis vor zweieinhalb Jahren für unmöglich gehalten – weil Krieg Wahnsinn ist und doch niemand so verrückt sein kann ... Doch! So ist es!

Vor fast einhundert Jahren (1932) schrieb Erich Kästner sein berühmtes Gedicht „Die Entwicklung der Menschheit":

> Einst haben die Kerls auf den Bäumen gehockt,
> behaart und mit böser Visage.
> Dann hat man sie aus dem Urwald gelockt
> und die Welt asphaltiert und aufgestockt,
> bis zur dreißigsten Etage.

Da saßen sie nun, den Flöhen entflohn,
in zentralgeheizten Räumen.
Da sitzen sie nun am Telefon.
Und es herrscht noch genau derselbe Ton
wie seinerzeit auf den Bäumen ...

So haben sie mit dem Kopf und dem Mund
Den Fortschritt der Menschheit geschaffen.
Doch davon mal abgesehen
Und bei Lichte betrachtet
sind sie im Grund
noch immer die alten Affen.

Ja, in Zeiten wie diesen kann man den Glauben an die Menschheit verlieren. Und auch den Glauben an den Gott, „der alles so herrlich regieret", wie es in einem alten Kirchenlied heißt („Lobe den Herrn, den mächtigen König der Ehren ...").

Kann man angesichts des Leides in dieser Welt an einen „lieben Gott" glauben? Natürlich wird die Welt nicht besser, wenn wir angesichts von Kriegen und anderen Katastrophen die Sache mit Gott für erledigt erklären. An der Lage, die alles andere als rosig ist, ändert das schließlich nichts.

Trotzdem: Wie können wir angesichts des Leides in dieser Welt an Gott glauben? Genauer gefragt: Wie kann der Glaube an Gott uns sogar helfen, das alles zu verarbeiten? Denn es geht hier ja nicht darum, dass wir eine Antwort auf die Theodizee-Frage finden – eine intellektuell befriedigende Rechtfertigung Gottes angesichts der Übel in dieser Welt. Der Glaube gehört zur „*Waffenrüstung Gottes*". Er ist das Langschild, mit dessen Hilfe wir „*alle feurigen Pfeile des Bösen*" abwehren können, die unseren Glauben an Gott, die Menschen und die Welt bedrohen.

Wenn wir als Christen vom Glauben an Gott sprechen, geht es immer um Jesus Christus. Manchmal vergessen wir das. Aber uns ist klar: Wir glauben, dass Gott sich in Jesus Christus offenbart hat. In ihm sehen wir, wer Gott ist und wie er es mit uns meint.

Und was heißt das nun in einer Welt, in der die Schrecken nicht weniger, sondern immer mehr zu werden scheinen? Es bedeutet: Gott ist ein „Mitbetroffener."[1] In seinem Sohn Jesus Christus ist Gott vom Himmel herabgestiegen und hat sich mit uns Menschen solidarisiert. Er hat unser Leben gelebt und ist unseren Tod gestorben. Am Anfang der Stall – am Ende der Galgen. Er hängt am Kreuz und verstirbt mit einem Schrei: *„Mein Gott, mein Gott, warum hast du mich verlassen?"* (Mk 15,34). Gott leidet mit uns (Hbr 2,9.10.17; 4,15).

Der gekreuzigte Gott ist der sympathische – der mitleidende – Gott. Er ist kein unbeteiligter Zuschauer des Leides. Nein, sein Wesen besteht geradezu im Leiden, in der Liebe bis in den Tod. Die Botschaft des Kreuzes lautet: Jeder Mensch, der leidet, darf wissen, dass Gott ihm nahe ist. Nicht nur im Licht und in der Freude, sondern auch im Dunkel, in der Trauer und im Schmerz kann ich ihm begegnen. Gerade jetzt ist er mir nahe. Ich darf mich gerade jetzt an ihn wenden. Ich darf meine Tränen vor ihm ausschütten. Er leidet mit uns. Er hat selbst wie kein anderer gelitten. Deshalb weiß er, wie es in uns aussieht. Deshalb dürfen wir uns ihm in die Arme werfen. Seit Ostern „wird jede nur denkbare Antwort auf die Frage nach der Herkunft des Leids in der Welt überholt von der Auskunft, dass Gott bei den Menschen in ihren Leiden steht und es zum Guten wenden will."[2]

---

[1] Zahrnt, Heinz: Wie kann Gott das zulassen? München ⁶1996, S. 84.
[2] Zahrnt, Heinz: Wie kann Gott das zulassen? München ⁶1996, S. 85.

Diese „Auskunft" hilft. Im Glauben an den mitleidenden Gott können wir *„alle feurigen Pfeile des Bösen"* abwehren.Der Schweizer „Dichterpfarrer" Kurt Marti hat es in seinem „Glaubensbekenntnis" so ausgedrückt:

> Ich glaube an Jesus
> sein menschgewordenes Wort
> den Messias der Bedrängten und Unterdrückten
> der das Reich Gottes verkündet hat
> und gekreuzigt wurde deswegen
> ausgeliefert wie wir der Vernichtung des Todes
> aber am dritten Tag auferstanden
> um weiterzuwirken für unsere Befreiung
> bis dass Gott alles in allem sein wird.[1]

Das ist unser Schild, gegen die *„feurigen Pfeile des Bösen"*.

3.6   Der Helm
(August 2024)

„Zieht an die Waffenrüstung Gottes, damit ihr bestehen könnt gegen die listigen Anschläge des Teufels ... und nehmt den Helm des Heils ..." (Eph 6,11.17)

Was wäre ein Soldat ohne seinen Helm? Ein Helm gehörte wohl schon immer dazu. Der Kopf ist nun mal eine sehr empfindliche Stelle. Die allerersten Helme waren wahrscheinlich aus Leder. Die ältesten erhalten gebliebenen Helme stammen von den Sumerern und waren aus Bronze. Ab dem 14. Jahrhundert v. Chr. gab es Eisenhelme. Natürlich auch bei den Römern. Sie haben die

---

1 Marti, Kurt: Abendland, Darmstadt, Neuwied 1980, S. 92.

Eisenhelme perfektioniert. Ihr „Standardhelm" reichte im Gesicht bis etwa zur Höhe der Augenbrauen. Auch Hals und Nacken wurden geschützt. Auch später wurden sie weiterentwickelt. Preußische Soldaten trugen die „Pickelhaube". Die Spitze sollte die Infanteristen vor den Säbeln der feindlichen Kavallerie schützen. Im ersten Weltkrieg aber war die Artillerie viel gefährlicher. Und so wurde der Stahlhelm eingeführt, um die Soldaten besser vor Granatsplittern zu schützen.

Der Helm hat sicher vielen Soldaten das Leben gerettet. Und deshalb wird er ganz zu Recht als „Helm des Heils" bezeichnet. Man könnte hier auch „Helm der Rettung" übersetzen. Das (griechische) Stichwort heißt „soteria" – und das bedeutet „Heil" bzw. „Rettung".

Nun hat der Begriff „Helm des Heils" – wie die anderen Bestandteile der „Waffenrüstung Gottes" auch – eine übertragene Bedeutung. Und das „Heil" bzw. die „Rettung" meint nicht nur das nackte Überleben auf dem Schlachtfeld. Im Brief an die Epheser ist vor allem im zweiten Kapitel von unserer Rettung die Rede. Dort heißt es (Eph 2,4-8): „... Gott, der reich ist an Barmherzigkeit, hat ... uns, die wir tot waren in den Sünden, mit Christus lebendig gemacht – aus Gnade seid ihr gerettet –; und er hat uns mit auferweckt und mit eingesetzt im Himmel in Christus Jesus, damit er in den kommenden Zeiten erzeige den überschwänglichen Reichtum seiner Gnade durch seine Güte gegen uns in Christus Jesus. Denn aus Gnade seid ihr gerettet durch Glauben, und das nicht aus euch: Gottes Gabe ist es ..."

„Christus ist auferstanden. Er ist wahrhaftig auferstanden." Er hat den Tod besiegt. Und er ist „aufgefahren in den Himmel; er sitzt zur Rechten Gottes, des allmächtigen Vaters" – wie es im Apostolischen Glaubensbekenntnis heißt. Dadurch öffnet sich für uns eine neue Welt. Weil die Geschichte Jesu Christi auch unsere Geschichte ist. Der Glaube an Jesus Christus ist nicht irgendeine spezielle Meinung über Gott und die Welt. Er ist eine Auferweckung von den Toten. Gott *„hat uns mit auferweckt"*. Und noch mehr: Wir sind sogar *„mit eingesetzt im Himmel in Christus Jesus ..."*. Wir sind schon dort, wo Christus ist. Warum hat Gott uns *„mit auferweckt und mit eingesetzt im Himmel in Christus Jesus"*? Damit er uns noch mehr beschenken kann. *„Damit er in den kommenden Zeiten* – nach seinem zweiten Kommen – *erzeige den überschwänglichen Reichtum seiner Gnade durch seine Güte gegen uns in Christus Jesus."*

Der *„Helm des Heils"*. Wir sind „gerettet". Der Kabarettist Hanns Dieter Hüsch hat es einmal so ausgedrückt:

> Ich bin vergnügt, erlöst, befreit,
> Gott nahm in seine Hände meine Zeit,
> mein Fühlen, Denken, Hören, Sagen,
> mein Triumphieren und Verzagen,
> das Elend und die Zärtlichkeit.[1]

Das ist der *„Helm des Heils"*, den Gott uns schenkt.

Was wir als Christen sind, sind wir nicht aus uns. Was wir als Christen sind, ist Gnade – und zwar von A-Z. Die Gnade Gottes ist nicht das, was unsere Bemühungen vervollständigt, wenn es mit unseren eigenen Anstrengungen mal wieder nicht so ganz geklappt hat. Das ganze Leben des Christen ist ein Leben aus der Gnade Gottes. Unser Heil, das ewige Leben, ist ein Geschenk Gottes, reines Geschenk.

> Herr,
> Es ist die Gnade,
> die mich ermutigt,
> wenn meine Seele niedergeschlagen ist.
> Es ist die Gnade,
> die mich tränkt,

---

[1] Schneider, Nikolaus (Hg.): Hanns Dieter Hüsch. Vergnügt, erlöst, befreit, Berlin 2016, S. 29.

wenn meine Seele durstig ist.
Es ist die Gnade,
die mir zeigt,
wer ich wirklich bin,
wenn ich mich aufblasen möchte.
Es ist die Gnade,
die mich an meine Pflichten erinnert,
wenn ich den Sinn meines Lebens vergesse.
Es ist die Gnade,
die mich tröstet,
wenn ich erschüttert bin.
Es ist die Gnade,
die mich aufrichtet,
wenn ich gefallen bin.
Es ist die Gnade,
die meine Zukunft sichert,
wenn ich pessimistisch bin.

Christus, du bist der Brunnen der Gnade.
Ich verdiene keinerlei Gunst von dir.
Aber deine Gnade folgt mir und leitet mich.
Ich danke dir für deine Gnade.[1]

Wie hilft der *„Helm des Heils"* gegen die *„gegen die listigen Anschläge des Teufels"*? Wie hilft er in Kriegszeiten? Zu wissen, dass wir gerettet sind, hilft. Als Christen haben wir „Heilsgewissheit". Ein antiquiertes Wort. Aber ich habe noch keinen passenden Ersatzbegriff gefunden, der in einem einzigen Wort ausdrückt, worum es geht: Unser Heil, das ewige Leben, ist ein Geschenk von Gott. Und es ist so sicher wie das „Amen" in der Kirche – weil Gott uns bedingungslos liebt.

---

[1] Gnanbaranam Johnson: Mein Jesus, mach mich neu. Gespräche mit Gott, Erlangen 1986.

Und daraus folgt: Wir wissen, dass wir nie tiefer fallen können als in Gottes Hand. Das macht uns nicht leichtsinnig, aber zuversichtlich. Und ermutigt uns, für Gerechtigkeit, Frieden und Bewahrung der Schöpfung einzutreten.

Anfang 2022 hat die damalige Verteidigungsministerin Christine Lambrecht der Ukraine die Lieferung von Schlafsäcken und 5.000 Schutzhelmen zugesagt – und in diesem Zusammenhang von einen „ganz deutlichen Signal" gesprochen. Sie ist dafür scharf kritisiert worden. Aber vielleicht hatte sie recht. Allerdings anders als sie meinte. Ein „ganz deutliches Signal" ist nämlich nicht der Stahlhelm, sondern der „Helm des Heils". Setzen wir ihn auf! Leben, beten und arbeiten wir im Bewusstsein, dass nichts und niemand uns von der Liebe Gottes trennen kann.

3.7   Das Schwert
(September 2024)

„Zieht an die Waffenrüstung Gottes, damit ihr bestehen könnt gegen die listigen Anschläge des Teufels ... und nehmt ... das Schwert des Geistes, welches ist das Wort Gottes." **(Eph 6,11.17)**

Zum Schluss das Schwert. Gemeint ist das Kurzschwert. Seine Klinge war nur ca. 50 Zentimeter lang. Das Kurzschwert war die wichtigste Waffe im Nahkampf – wenn es schließlich „Mann gegen Mann" ging. Das ist vielleicht der Grund dafür, dass das Schwert am Ende der Aufzählung steht.

Der biblische Text spricht vom *„Schwert des Geistes"*. Damit ist nicht etwa unser scharfer Verstand gemeint – so nützlich der sein kann. Der Geist, von dem hier die Rede ist, ist der Geist Gottes bzw. der „Heilige Geist".

Aber der Heilige Geist ist nicht selbst das Schwert – zumindest nicht direkt. Der Text spricht vom *„Schwert des Geistes, welches ist das Wort Gottes"*. Also ist eigentlich das *„Wort Gottes"* das Schwert – nicht der Geist Gottes. Aber der Geist Gottes wirkt im Wort Gottes. Insofern hat das alles seine Richtigkeit.

Der Schreiber des Hebräerbriefs hat das so ausgedrückt (Hbr 4,12): *„… das Wort Gottes ist lebendig und kräftig und schärfer als jedes zweischneidige Schwert und dringt durch, bis es scheidet Seele und Geist, auch Mark und Bein, und ist ein Richter der Gedanken und Sinne des Herzens."*

Das Schwert des Geistes – das Wort Gottes. Die wahrscheinlich wichtigste Waffe im Kampf *„gegen die listigen Anschläge des Teufels"*.

Warum?

"„Worauf sollen wir hören, sag uns, worauf?

So viele Geräusche, welches ist wichtig?

So viele Beweise, welcher ist richtig?

So viele Reden!

Ein Wort ist wahr."[1]

So schrieb der Frankfurter Pfarrer Lothar Zenetti schon vor Jahren in einem seiner Gedichte. Und so ist die Lage. Ein vielstimmiger Chor der Meinungen, ein großes Durcheinander. Hat noch jemand den Überblick? Blickt noch jemand durch?

Bei „Hart aber fair", „Maischberger" und ähnlichen Formaten begegnen wir Experten und Politikern. Die Sendungen leben allerdings davon, dass

---

[1] Zenetti, Lothar: Auf Seiner Spur. Texte gläubiger Zuversicht, Mainz 2000, S. 11.

unterschiedliche Meinungen aufeinanderprallen – und am Ende stehen bleiben. Auch beim Thema Krieg und Frieden ist das so. Zwar sind die meisten der Meinung, dass Waffenlieferungen alternativlos sind. Also streitet man über die Dosis. Um Frieden geht es weniger. Denn: „Es kann der Frömmste nicht in Frieden leben, wenn es dem bösen Nachbarn nicht gefällt." Da mag was dran sein, lässt aber viele von uns ratlos zurück.

„Worauf sollen wir hören?" Lothar Zenetti antwortet: „Ein Wort ist wahr." Und meint damit natürlich das „Wort Gottes". Was kann es leisten? Gottes Wort stört mein gewohntes Denken. Es spricht vom Glanz der Dinge, wenn mich gerade die Trauer überschwemmt. Es spricht vom Zwiespalt des Lebens, wenn ich vielleicht gerade mit dem Leben einig bin. Gottes Wort nimmt mich wie eine große Schwester an der Hand und führt mich dahin, wo ich noch nicht bin. Es führt mich zu einer Wahrheit, die ich noch nicht kenne. Es führt mich vielleicht in ein Haus, in dem ich noch nicht gewohnt habe. Es erlaubt mir nicht, dass ich nur in mir selbst bleibe. Es lässt mich Gott entdecken, wo ich ihn bisher nicht vermutet habe. Und ich lerne, dass es nicht genügt, wenn ich in meinem Denken und Handeln nur um mich selbst kreise.

Gottes Wort – das sind tröstende, ermahnende, befreiende und erlösende Worte. Worte von außerhalb unserer Welt, die aber in dieser Welt bei uns Menschen wirksam werden wollen. Es sind auch richterliche Worte – nicht nur sanfte, beschwichtigende Worte, die die Wirklichkeit verharmlosen, die Probleme zudecken, überspielen. Es sind Worte, die die konkreten Dinge, die verfehltes Leben, die Sünde und Schuld beim Namen nennen. Gottes Wort sagt uns wie wir als Menschen sind, was mit uns los ist, wie es um uns bestellt ist – und es ist zugleich das

Wort, das uns von uns selbst, unseren Belastungen und Verklemmungen, befreien will.

Wir brauchen Worte, die wir uns nicht selbst sagen können. Wir brauchen Orientierung. Oder wie Peter Hahne es ausgedrückt hat: „Wir brauchen ... Nachrichten zum Nach-Richten."[1]

Die Bergpredigt ist „schwere Kost". Aber sie wiederholt nicht einfach gängige Meinungen. Sie kann uns auf neue Gedanken bringen. Zumindest kann sie uns für einen Augenblick irritieren – was heilsam sein kann. Die Spirale von Gewalt und Gegengewalt ist jedenfalls nicht alternativlos. Frieden erreicht man nicht nur aus einer Position der Stärke. „Schämt euch nicht, zu verhandeln, bevor es noch schlimmer wird", hat Papst Franziskus in einem Interview gesagt. Er ist kritisiert worden. Das ist erlaubt. Aber seine Kritiker sollten anerkennen, dass er nicht nur in politischen und strategischen Kategorien denkt, sondern vom Evangelium her. Und das ist auch gut so.

„Nehmt ... das Schwert des Geistes, welches ist das Wort Gottes." Es ist „ein Richter der Gedanken und Sinne des Herzens". Es stellt in Frage. Und gibt Orientierung. Wir sind eingeladen, nach Gott zu fragen und auf ihn zu hören. Sein Wort enthält keine Patentrezepte für alle Wechselfälle des Lebens, aber es ist ein Kompass, der uns die Richtung zeigt.

Deshalb:

Ein Gruß dem Menschen,
der aus der Reihe tanzt und nicht
dem Trend der Mehrheitsmeinung folgt,
sondern täglich nach Gottes Willen fragt.

---

[1] Hahne, Peter: Schluss mit lustig. Das Ende der Spaßgesellschaft, Lahr ¹²2004, S. 121.

Ein Gruß dem Menschen,
der den Widerspruch wagt und nicht
längst verschlissene Phrasen wiederholt,
sondern seine Ohren öffnet für neue Worte.

Ein Gruß dem Menschen,
der in guter Hoffnung lebt und nicht
im Kreise müde grinsender Leute sitzt,
sondern von Gott Überraschungen erwartet.

Er ist wie ein Baum am Bachufer,
wird unter grünen Blättern Frucht bringen,
und seine Spuren wird der Wind nicht verwehen.

Er ist ein Mensch in Gottes Hand
und wird ein Beispiel der Hoffnung sein für viele,
die für sich und die Erde nichts mehr erwarten.
(Johannes Hansen nach Psalm 1)[1]

---

[1] Zit. in Zahn, Irene: Erwachen eines Starseeds. Ein Tagebuch, S. 8.

4   Das Vaterunser

4.1   „Vater unser im Himmel"
(November 2024)

Seit mehr als zweieinhalb Jahren treffen wir uns jede Woche zum Ökumenischen Friedensgebet. Es wird von ver-
schiedenen Personen aus unterschiedlichen Kirchen unserer Stadt gestaltet – und schon deshalb immer etwas
anders. Aber es gibt ein paar feste Bestandteile des Friedensgebets. Wir singen z.B. immer: „Herr, gib uns deinen
Frieden ..." Aber noch selbstverständlicher ist, dass unsere Bitten in das gemeinsame Vaterunser einmünden.

Deshalb möchte ich das Vaterunser zur Grundlage
für meine Impulse bei den Friedensgebeten machen. Jedes Mal wird eine andere Bitte des Vaterunser im Mittelpunkt stehen. Heute geht es aber einleitend um die Anrede: *„Vater unser im Himmel."*

Wir reden Gott als *„Vater"* an. Das ist nicht selbstverständlich.

- Muslime sprechen von 99 Namen für Allah. Die
  Anrede „Vater" steht aber nicht auf der Liste – vermutlich, weil „Vater" in ihren Augen ein zu
  menschlicher Begriff ist.
- Nicht wenige Menschen haben schlechte Erfah-
  rungen mit ihren Vätern gemacht – und es fällt
  ihnen schwer, Gott als Vater zu sehen oder anzu-
  reden.
- Andere sehen die Gefahr, dass der Begriff patriar-
  chale Vorstellungen in Kirche und Gesellschaft
  verstärkt.

Jesus hat hier, wie in anderen Gebeten (Mk 14,36),
vermutlich das aramäische Wort „Abba" benutzt. Soweit
wir wissen, haben seine jüdischen Zeitgenossen Gott

nicht so angesprochen. Aber diese Gebetsanrede war so typisch für Jesus, dass auch die griechisch-sprechenden Gemeinden sie später übernommen haben. So schreibt Paulus der Gemeinde in Rom (Röm 8,15): *„Denn ihr habt nicht einen Geist der Knechtschaft empfangen, dass ihr euch abermals fürchten müsstet; sondern ihr habt einen Geist der Kindschaft empfangen, durch den wir rufen: Abba, lieber Vater!"*

Hier zeigt sich schon: Wenn Jesus von Gott als *„Vater"* bzw. *„Abba"* spricht, dann ist das eine vertrauensvolle Anrede. Und das Wort „Abba" ist ein Lallwort, ist „Babysprache" – so wie „Mama" und „Papa". So wie ein Kind zu seinem Vater kommt, so können und sollen wir Gott im Gebet ansprechen – voller Vertrauen und ohne Furcht.

Und deshalb kommentiert Martin Luther im „Kleinen Katechismus": Gott will uns „locken, dass wir glauben sollen, er sei unser rechter Vater und wir seine rechten Kinder, auf das wir getrost und mit aller Zuversicht ihn bitten sollen wie die lieben Kinder ihren lieben Vater." Dem ist nichts hinzuzufügen.

Dieser Vater ist *„im Himmel"*. Von dort aus regiert er über diese Welt. Der Psalmist schreibt (Ps 103,19): *„Der HERR hat seinen Thron im Himmel errichtet, und sein Reich herrscht über alles."* „Der himmlische Vater ist der Gott, der, ungehemmt durch irdische Schranken, alles weiß, alles sieht, alles vermag und deshalb allen zugänglich ist."[1]

Manchmal – vor allem in der heutigen Zeit – verstehen wir die Welt nicht mehr. Dann beten wir zu Gott – und können das voller Vertrauen tun, weil er unser lieber Vater ist und diese Welt in seinen Händen hält.

---

[1] Theologisches Wörterbuch zum Neuen Testament V, S. 520.

Und wir tun das gemeinsam. Schließlich sollen wir beten: *„Vater unser im Himmel."* Wenn wir so beten, beten wir nicht allein, sondern als Teil einer Gemeinschaft. Der evangelische Theologe Helmut Thielicke sprach vom Vaterunser als vom „Gebet, dass die Welt umspannt".

Sein Buch mit dem gleichnamigen Titel[1] ist übrigens in den Jahren 1944/45 entstanden – also im Krieg.

Ja, das Vaterunser wird weltweit gebetet. Und wenn wir es beten, sind wir Teil einer weltweiten Gebetsgemeinschaft. Und Teil dieser unsichtbaren und globalen Gebetsgemeinschaft sind auch und grade die Menschen, die dieses Gebet aus der Not heraus sprechen – in Schutzbunkern, in Schützengräben oder wo immer sie sich befinden.

Und *„Vater"* ist Gott auch für diejenigen, die ihn nicht als Vater verstehen und anreden. Es gibt nur einen Gott – und der ist, wie Paulus es im Brief an die Gemeinde in Ephesus ausdrückt, der *„Vater aller, der da ist über allen und durch alle und in allen"* (Eph 4,6). Wir beten also zu dem Gott, der der Vater aller Menschen ist.

Und deshalb ist, wie Karl Barth, der große evangelische Theologe des 20. Jahrhundert, schrieb, die „Anrufung Gottes des Vaters ... als solche, eine eminent soziale, und zwar öffentlich soziale, um nicht zu sagen: politische, ja kosmische Angelegenheit."[2]

„Vater unser im Himmel." Unser „Abba" ist der Vater aller Menschen und hält diese Welt in seiner Hand. Und so öffnet das Vaterunser einen Raum für gegenseitiges Verständnis, Mitgefühl und aktive Friedensarbeit in einer Welt voller Konflikte. Es ermutigt uns, über nationale

---

[1] Thielicke, Helmut: Das Gebet, das die Welt umspannt. Reden über das Vaterunser aus den Jahren 1944/45, Stuttgart 1987.
[2] Barth, Karl: Das christliche Leben, Zürich 1976. S. 154.

oder ethnische Grenzen hinauszudenken und die universelle Menschlichkeit zu betonen. Deshalb gehört das Vaterunser immer dazu.

4.2 „Geheiligt werde dein Name"
(November 2024)

Wir beten: *„Geheiligt werde dein Name."* Aber was heißt das eigentlich?

Die Sache mit dem Namen ist noch recht einfach. In biblischer Zeit sind Namen nicht „Schall und Rauch". Das gilt insbesondere für den Namen Gottes. Zwischen dem Namen Gottes und Gott selbst besteht eine wesensmäßige Verbindung.

Der Name nennt nicht bloß Eigenschaften Gottes – in seinem Namen ist Gott selbst gegenwärtig. So kann David in Psalm 20,2 formulieren: *„Der HERR erhöre dich in der Not, der Name des Gottes Jakobs schütze dich!"* *„Der HERR"* und *„der Name des Gottes Jakobs"* sind ein und dasselbe. Wenn der Name Gottes geheiligt wird, wird also Gott selbst geheiligt.

Die spannende Frage lautet: Von wem soll der Name Gottes geheiligt werden? Von uns Menschen? Oder von Gott selbst?

Die erste Möglichkeit ist uns vertraut. Sie erinnert uns an das dritte Gebot: *„Du sollst den Namen des HERRN, deines Gottes, nicht missbrauchen ..."* (Ex 20,7).

Aber ist das hier gemeint? Schließlich ist das Vaterunser kein Gebot, sondern ein Gebet. Und wenn wir uns im Gebet an Gott wenden und ihn um etwas bitten, dann geht es doch darum, dass er etwas tun soll, was wir von uns aus nicht fertigbringen. Wenn wir es selbst könnten, bräuchten wir ihn nicht darum zu bitten.

Dann meint die erste Bitte des Vaterunsers: „Vater, heilige Du bitte selbst deinen Namen. Sorge du, Gott, dafür, dass dein Name geheiligt, groß gemacht und geehrt wird. Verschaffe deinem Namen Achtung und Gehör."

Im Judentum gab und gibt es zahlreiche Umschreibungen für Gott – einfach aus Ehrfurcht vor dem heiligen Gottesnamen. Eine Möglichkeit: Man gebraucht die passive Form des Verbes. Und genau die steht auch hier – „geheiligt werden". Gemeint ist dann: „von Gott geheiligt werden."

Tatsächlich ist in der Bibel immer wieder davon die Rede, dass Gott selbst seinen Namen heiligen wird. Z.B. im Buch Hesekiel: *„Denn ich will meinen großen Namen, der vor den Heiden entheiligt ist, den ihr unter ihnen entheiligt habt, wieder heilig machen …"* (Hes 36,23). *„Und ich will meinen heiligen Namen kundmachen unter meinem Volk Israel und will meinen heiligen Namen nicht länger schänden lassen, sondern die Heiden sollen erfahren, dass ich der HERR bin, der Heilige in Israel"* (Hes 39,7).

„Gott" ist das „beladenste aller Menschenworte", schrieb Martin Buber vor vielen Jahren. Kein Wort „ist so besudelt, so zerfetzt worden".[1]

Gottes Name wird in den Schmutz getreten. Von allen, die ihn ignorieren und für ihn nur ein müdes Lächeln übrig haben. Und von allen, die ihn für ihre eigene Zwecke instrumentalisieren. Das geschieht nicht nur im Krieg – aber dort in besonderer Weise.

In der Ukraine und in Russland stehen Kirchen, im Nahen Osten Synagogen und Moscheen. Aber trotzdem wird dort Krieg geführt – oft sogar im Namen Gottes. „Gott mit uns" – so stand es bis 1962 auf den

---

[1] Quelle Buber

Koppelschlössern deutscher Soldaten. Weltweit berufen sich Ideologen auf Gott, um Gewalt, Hass und Vergeltung zu rechtfertigen.

Wo aber Gottes Name geheiligt wird, ist Friede. Da ist sein Friede – ein Friede, den uns niemand sonst auf der Welt geben kann (vgl. Joh 14,27).

Wann und wie wird Gott seinen Namen heiligen? Schon Hesekiel hat darauf gehofft. Aber nicht nur er. Alle, die an Gott glauben, hoffen darauf.

Wenn wir hier und heute für den Frieden beten, protestieren wir dagegen, dass sein Name in den Dreck gezogen wird, und geben Gottes Namen die Ehre, die ihm gebührt.

Es kommt aber nicht auf uns an, sondern auf Gott. Wir beten: *„Geheiligt werde dein Name."* Wir beten voll Hoffnung, dass er diese Bitte hört und erhört.

Im Neuen Testament verdichtet sich diese Hoffnung zur Hoffnung auf die Wiederkunft Jesu Christi in Macht und Herrlichkeit. Dann, am Ende der Zeiten, wird Gott *„alles in allem"* sein (1 Kor 15,28). Alle Knie werden sich vor Christus beugen – zur Ehre Gottes (Phil 2,9-11). Dann wird Gott nicht mehr verschwiegen, vergessen, totgesagt, entstellt und verlacht; dann wird er bekannt, anerkannt und gefeiert.

Diesen Moment, wo sich alle Nebel lichten, sehnen wir herbei. Deshalb beten wir: *„Geheiligt werde dein Name."* Mit all unseren Fragen und Zweifeln kommen wir zu Gott – und legen alles in seine Hände, weil unser Schicksal und das dieser Welt bei ihm gut aufgehoben ist und er alles wohl machen wird.

4.3 „Dein Reich komme"
(November 2024)

Wir beten: *„Dein Reich komme."* So hat Jesus es uns gelehrt. Aber: Was heißt das?

Der Begriff kann mit „Königreich Gottes" oder mit „Königsherrschaft Gottes" übersetzt werden. Das „Königreich Gottes" ist ein Ort – die „Königsherrschaft Gottes" ein Geschehen. Beides gehört zusammen: Das Reich Gottes ist ein Ort, in dem Gott das Sagen hat.

Wo ist dieses Reich? Es ist noch nicht da. Mit Jesus Christus ist es angebrochen. Aber seine Vollendung steht noch aus. Deshalb beten wir: *„Dein Reich komme."*

Gemeint ist also das zukünftige Reich Gottes, in dem die Herrschaft Gottes und sein Heil sich auf der ganzen Linie durchgesetzt haben – und der Name Gottes geheiligt wird. Dann wird es heißen: *„... Es sind die Reiche der Welt unseres Herrn und seines Christus geworden, und er wird regieren von Ewigkeit zu Ewigkeit"* (Off 11,15). *„... Halleluja! Denn der Herr, unser Gott, der Allmächtige, hat das Reich eingenommen"* (Off 19,6).

Wann und wodurch kommt dieses Reich? Nicht durch uns, sondern durch Jesus Christus.

Er hat sich nämlich bei seiner Himmelfahrt nicht etwa für immer von dieser Welt verabschiedet. Ja, Jesus Christus ist „aufgefahren in den Himmel; er sitzt zur Rechten Gottes, des allmächtigen Vaters". Aber dann heißt es im Apostolischen Glaubensbekenntnis: „... von dort wird er kommen, zu richten die Lebenden und die Toten". Aber er kommt nicht nur deshalb. Im Hebräerbrief heißt es: *„... zum zweiten Mal erscheint er nicht der Sünde wegen, sondern zur Rettung derer, die ihn erwarten"* (Hbr 9,28). Er kommt wieder. Dann beginnt eine neue Zeit und eine neue Welt, in der Leid und Tod überwunden sind.

Deshalb lautet eines der ersten Gebete der Christenheit: „*Maranata!*" – „Unser Herr, komm!" (1 Kor 16,22; vgl. Off 22,20).

Auf diesen Tag, den „lieben Jüngsten Tag" (Martin Luther), gehen wir zu. Im Moment ist es noch dunkel. Das können wir überall feststellen. Aber wenn wir nur auf die Dunkelheit schauen, bringt uns das so durcheinander, dass wir die Orientierung verlieren. Wir dürfen und sollen auf das Licht achten, das uns von Gott entgegenkommt – und unser Leben, ja die ganze Weltgeschichte, in diesem Licht sehen.

Mit Tränen in den Augen zimmert der Missionar den kleinen Sarg für seinen gestorbenen Jungen. Drei kleine Kinder ließen die Missionarsleute in ihrer Heimat. Zu ihrer Freude wurde ihnen vor einem Jahr das vierte Kind hier im Papuadorf in Neuguinea geboren. Wie hatten die Eingeborenen das kleine, weiße Menschenkind bestaunt. Wie hatten sie gelacht, wenn der kleine Junge seine Händchen nach ihnen ausstreckte.

Nun lag der kleine Sonnenschein kalt und tot da, und der Vater zimmerte den Sarg. Von ferne standen die Dorfbewohner. Einige wagten sich in die Nähe des Missionars. Einer sagte: „Dein Sohn ist tot, werdet ihr nun fortgehen?" „Nein", erwidert der Missionar, „wir bleiben hier." Nachdenklich schaute der Mann dem Missionar zu. Dann begann er wieder: „Aber ihr werdet auch einmal sterben, was machen dann eure Kinder?" „Da haben wir keine Sorgen, die sind in Gottes Hand." „Missionar", sagte der Eingeborene, „was seid ihr Jesusleute doch für Menschen. Ihr fürchtet den Tod nicht, und ihr könnt durch den Horizont sehen!" „Ja", sagte der Missionar, „wir können durch den Horizont sehen!"

Und wie er so spricht, fällt ihm ein, dass es in der Papuasprache kein Wort für Hoffnung gibt. Das war ein gutes Wort für Hoffnung. Hoffnung haben heißt, durch den Horizont sehen. Dorthin sehen, wo Jesus ist - die Hoffnung für die ganze Welt.[1]

Natürlich ist vieles dunkel und bedrohlich. Das ist nicht zu leugnen oder wegzudiskutieren. Und wir müssen uns der Realität stellen. Aber das allein reicht nicht. Wir brauchen Licht am Ende des Tunnels.

Das Evangelium sagt: Unsere Welt, die private und die globale, versinkt nicht einfach im Chaos. Es geht nicht einfach immer weiter abwärts. Unsere Welt hat ein Ziel. Am Ende steht Gott. Am Ende steht ein neuer Anfang. Gott kommt.

> „Menschen, die aus der Hoffnung leben,
> sehen weiter.
> Menschen, die aus der Liebe leben,
> sehen tiefer.
> Menschen, die aus dem Glauben leben,
> sehen alles in einem anderen Licht."[2]

„Dein Reich komme!" So dürfen wir beten – in der Gewissheit, dass dieses Gebet erhört wird. Jesus kommt – und mit ihm wahres, unvergängliches, ewiges Leben. Wo wir nicht weiterwissen, ist nicht das Ende. Wenn wir sagen: „Es ist genug", sagt er: „Es beginnt". Seine Morgensonne geht auf über jeder Hoffnungslosigkeit.[3]

Deshalb:

---

[1] Kühner, Axel: Überlebensgeschichten für jeden Tag, Neukirchen-Vluyn 71996, S. 193.

[2] Zenetti, Lothar: Auf seiner Spur. Texte gläubiger Zuversicht. Mainz 2012.

[3] Vgl. Kühner, Axel: Eine gute Minute. 365 Impulse zum Leben, Neukirchen-Vluyn 41997, S. 86.

„Nicht in der Finsternis versinken
und in der Schwärze der Nacht,
sondern hoffen auf den Morgenstern,
der in der Ferne glüht.

Den Stimmen wehren,
die aus der Tiefe hervorbrechen,
und lauschen lernen auf das Wort,
das dich treffen wird.

Nicht das Herz verhärten
unter der Bedrohung dunkler Mächte,
 sondern es öffnen der Verheißung,
die sich erfüllen wird."[1]

4.4 „Dein Wille geschehe ..."
(Dezember 2024)

Wir beten: *„Dein Wille geschehe wie im Himmel so auf Erden."* Was heißt das?

Was ist der Wille Gottes? Als Jesus mit seinen Jüngern über die Kinder spricht, die damals wenig galten, fragt er sie (Mt 18,12-13): *„Was meint ihr? Wenn ein Mensch hundert Schafe hätte und eins unter ihnen sich verirrte: lässt er nicht die neunundneunzig auf den Bergen, geht hin und sucht das verirrte? Und wenn es geschieht, dass er's findet, wahrlich, ich sage euch: Er freut sich über dieses eine mehr als über die neunundneunzig, die sich nicht verirrt haben. So ist's auch nicht der Wille bei eurem Vater im Himmel, dass auch nur*

---

[1] Cratzius Barbara: zit. in: www.treklang.de/Meditationen6.htm (Zugriff: 6.11.2024).

eines von diesen Kleinen verloren werde." Oder positiv formuliert: Gottes Wille ist, dass die Kinder, die ihr nicht so wichtig nehmt, bewahrt werden.

So wichtig es ist, die Kinder nicht zu vergessen – Gottes guter Wille gilt für alle Menschen. Gottes Wille ist das Gute – Heil, Rettung, Bewahrung. Der Wille Gottes – das ist sein Heilsplan (vgl. Apg 22,14; Eph 1,9).

Nun beten wir: *"Dein Wille geschehe!"* Wir bitten Gott also darum, dass er seinen Heilsplan verwirklicht. Wir müssen ihn nicht daran erinnern. Aber wir leben in einer Welt, in der eben längst nicht alles nach seinem Willen läuft.

Bei Trauerfeiern ist zuweilen auch heute noch davon die Rede, dass es Gott „gefallen" hat, einen Menschen aus diesem Leben „abzuberufen". Stimmt das? Gefällt ihm das? Ist das sein Wille?

Der Schweizer Theologe und Dichter Kurt Marti hat schon vor Jahren dagegen angedichtet:

> dem herrn unserem gott
> hat es ganz und gar nicht gefallen
> daß gustav e. lips
> durch einen verkehrsunfall starb
>
> erstens war er zu jung
> zweitens seiner frau ein zärtlicher mann
> drittens zwei kindern ein lustiger vater
> viertens den freunden ein guter freund
> fünftens erfüllt von vielen ideen
>
> was soll jetzt ohne ihn werden?
> was ist seine frau ohne ihn?
> wer spielt mit den kindern?
> wer ersetzt einen freund?
> wer hat die neuen ideen?

dem herrn unserem gott
hat es ganz und gar nicht gefallen,
daß einige von euch dachten
es habe ihm solches gefallen ...[1]

Und was im Krieg geschieht, gefällt ihm sicher auch nicht. Auf seiner Gründungsversammlung 1948 in Amsterdam formulierte der Weltkirchenrat: „Krieg soll nach Gottes Willen nicht sein."

Aber er ist Realität – grausige Realität. Deshalb beten wir: „*Dein Wille geschehe!*" Wir beten, dass sich sein guter Wille, sein Heilsplan, durchsetzt – und zwar auf der ganzen Linie.

Teilweise hat er sich in Jesus Christus bereits durchgesetzt. Allerdings nicht auf Erden, sondern im Himmel.

Das klingt seltsam. Aber das biblische Weltbild kennt neben der irdischen auch eine himmlische Welt. Dort herrscht Gott und dort wird sein Wille umgesetzt.

Aber auch dort, so sagt es das Neue Testament, war nicht immer „eitel Sonnenschein". Die Offenbarung des Johannes spricht von einem „*Kampf im Himmel*" (Off 12,7): „*Und es entbrannte ein Kampf im Himmel: Michael und seine Engel kämpften gegen den Drachen [den Satan]. Und der Drache kämpfte und seine Engel ...*" Aber dieser Kampf ist entschieden und der Satan wurde „vor die Tür gesetzt" (Off 12,9): „*Und es wurde hinausgeworfen der große Drache, die alte Schlange, die da heißt: Teufel und Satan, der die ganze Welt verführt. Er wurde auf die Erde geworfen, und seine Engel wurden mit ihm dahin geworfen.*"

Ganz ähnlich hat Jesus es seinen Jüngern offenbart (Lk 10,18): „*... Ich sah den Satan vom Himmel fallen wie einen Blitz.*"

---

[1] Marti, Kurt: Leichenreden, München 1977, S. 23.

Im Himmel hat Gottes Wille gesiegt. Denn der Satan wurde *„überwunden durch des Lammes Blut"* (Off 21,11) – durch Jesu Tod am Kreuz.

Auf Erden aber tobt der Kampf noch. Die Offenbarung des Johannes drückt es so aus: *„Darum freut euch, ihr Himmel und die darin wohnen! Weh aber der Erde und dem Meer! Denn der Teufel kam zu euch hinab und hat einen großen Zorn und weiß, dass er wenig Zeit hat."*

Deshalb beten wir: *„Dein Wille geschehe – wie im Himmel, so auf Erden."* Wir beten, dass Gottes Wille, der sich im Himmel durchgesetzt hat, auch auf Erden verwirklicht wird. Endgültig geschieht das beim zweiten Kommen Jesu Christi. Dass es bald so weit ist und bis dahin immer öfter und immer mehr sein guter Wille geschieht – darum beten wir.

Wenn wir beten *„Dein Wille geschehe – wie im Himmel, so auf Erden",* …

- … dann sehen wir, dass Gottes Reich in Jesus Christus bereits begonnen hat, aber hier auf Erden noch keine allumfassende Wirklichkeit ist.
- … dann bekennen wir, dass wir von ihm abhängig sind.
- … dann hoffen wir, dass Gott sein Reich aufrichtet – ein Reich ohne Tränen, ohne Krieg und Leid.
- … dann erklären wir uns bereit, Gottes Willen zu tun und im Geist der Liebe Gottes zu wirken.

Wenn Gottes Wille sich durchgesetzt hat, wird der Himmel bis auf die Erde herabreichen und die Erde wird in den Himmel übergehen. Darauf hoffen wir. Dafür beten wir. Und diese gute Nachricht tragen wir weiter.

4.5 „Unser tägliches Brot gib uns heute"
(Januar 2025)

Wir beten: *„Unser tägliches Brot gib uns heute."* Dieser
Wortlaut ist uns geläufig. Aber die Übersetzung ist zum
Teil unklar. Dabei geht es um den Begriff, der hier mit
„täglich" wiedergegeben wird.

Die Fachleute sind sich bis heute nicht ganz einig.
Zwei Möglichkeiten sind in der engeren Auswahl.

- Möglichkeit 1: Es geht um das Brot für den nächsten Tag. Dann würde der Satz lauten: „Gib uns heute unser Brot für morgen."[1]
- Möglichkeit 2: Es geht um das Brot, das für das Leben notwendig ist. Dann könnte man formulieren: „Das Brot, dass wir brauchen, gib uns heute."[2]

Aber wir können auch in Zukunft beten: *„Unser tägliches Brot gib uns heute."* Denn es kommt hier nicht auf die
exakte Übersetzung an. Denn klar ist doch: Es geht hier
nicht um Luxus oder Überfluss, sondern um das, was wir
zum Überleben brauchen.

In der Bundesrepublik müssen wir uns darüber keine
Sorgen machen. Wir sind gut versorgt. Selbst wenn es
„ganz dicke" kommt – es gibt das Bürgergeld und die
Tafel. Gott sei Dank!

Anderswo sieht es anders aus – ganz besonders dort,
wo Krieg herrscht. Aktuell denken wir dabei besonders
an die Situation im Gaza-Streifen.

Im September 2024 schrieb das Auswärtige Amt:

---

[1] Luz, Ulrich: Das Evangelium nach Matthäus, Düsseldorf, Zürich,
Neukirchen-Vluyn ⁵2002, S. 451.

[2] Gnilka, Joachim: Das Matthäusevangelium. Erster Teil, Freiburg, Basel, Wien 2002, S. 212.223f.

„Schon seit Monaten passieren zu wenig Hilfs-
güter die Grenze nach Gaza, die humanitäre
Lage dort bleibt katastrophal. Nach Angaben der
Vereinten Nationen sind rund 1,9 Millionen
Menschen der Bevölkerung in Gaza Binnenver-
triebene – das entspricht 90% der Bevölkerung.
Diese Menschen mussten teils schon mehrfach
fliehen und befinden sich nun in Gebieten, in denen keine ausreichende Infrastruktur zur Versorgung vorhanden ist.
Nach dem brutalen Angriff der Terrororganisa-
tion Hamas auf Israel am 7. Oktober 2023 und
dem militärischen Vorgehen Israels leidet auch
die Zivilbevölkerung in Gaza unter den Folgen
des Terrors der Hamas. Die Basisversorgung für
die Zivilbevölkerung ist zusammengebrochen
und es fehlt dort hunderttausenden Menschen,
unter ihnen vielen Kindern, am Allernötigsten,
vor allem an Lebensmitteln, Wasser und medizi-
nischer Versorgung. Deshalb ist es wichtig, dass
humanitäre Hilfe schnell und ungehindert an die
Zivilbevölkerung in Gaza verteilt werden
kann."[1]
Aber nun hat Israel Gesetze beschlossen, die die Arbeit des UNRWA, dem Hilfswerk der Vereinten Nationen für Palästina-Flüchtlinge im Nahen Osten, fast unmöglich machen – also der Organisation, die bisher fast
für die gesamte Verteilung der UN-Hilfe im Gaza-Streifen zuständig ist.[2] Hoffentlich können andere Organisa-
tionen einspringen. Das ist aber ungewiss – so dass zu

---

[1] www.auswaertiges-amt.de/de/aussenpolitik/nahermittlererosten/-
/2627842 (Zugriff: 11.11.2024).
[2] www.aerzte-ohne-grenzen.de/presse/palaestinensische-gebiete-un-
rwa-verbot (Zugriff: 11.11.2024).

befürchten ist, dass die humanitäre Lage sich noch weiter verschlechtert.

Und deshalb kommt es heute darauf an, dass wir bei der vierten Bitte noch mal genau hinschauen. Und jetzt geht es nicht um Fragen der richtigen Übersetzung, sondern um das, was zweifelsfrei da steht. Dort heißt es nämlich: „_Unser_ tägliches Brot gib _uns_ heute."

Diese Wortwahl erinnert uns daran, dass wir nicht isoliert voneinander leben, sondern eine Gemeinschaft bilden. Und diese Gemeinschaft endet nicht an irgendwelchen Grenzen, sondern ist universal.

Vor ungefähr 10 Jahren hat die UNO „Global Citizenship" zu einem zentralen Bildungsziel erklärt. Es geht darum, dass jeder von uns sich als Weltbürger bzw. als Teil einer Weltgemeinschaft versteht – und auch so handelt.

Und wir dürfen davon ausgehen, dass das Vaterunser nicht an nationalen Grenzen endet, sondern universale Bedeutung hat. Wenn wir beten _„Unser tägliches Brot gib uns heute"_, dann tun wir das als Menschen, die Teil der weltweiten menschlichen Gemeinschaft sind.

„Ein egozentrisches Bitten ist damit von vornherein ausgeschlossen. Denn was ich mir wünsche, soll ich auch den anderen gönnen, soll über meiner Bedürftigkeit nicht die der anderen vergessen, und folglich für alle bitten …"[1]

Der Priester, Theologe und Dichter Ernesto Cardenal lebte einige Jahre auf der Inselgruppe Solentiname in Nicaragua eng mit Bauern zusammen. In den Gottesdiensten, die er dort mit ihnen feierte, gab es keine Predigt. Stattdessen unterhielt er sich mit den Bauern über

---

[1] www.evangelischer-glaube.de/vaterunser/unser-t%C3%A4gliches-brot-gib-uns-heute/ (Zugriff: 11.11.2024).

biblische Texte – vor allem darüber, was sie für ihren Alltag bedeuten.[1]

In einem dieser Gespräche ging es um die Brotbitte des Vaterunsers. Dabei erklärte einer der Bauern: „Um tägliches Brot bitten, das heißt, es für alle erbitten, damit keiner hungrig bleibt."[2] So ist es. „Spätestens hier wird Beten zur Politik."[3]

„Brot, Frieden, Würde - in der Ukraine und überall!" Unter diesem Motto fand am 24. Februar 2024, dem zweiten Jahrestag des Ausbruchs des Kriegs in der Ukraine, in Köln eine Demonstration statt.[4] Und darum geht es auch heute – um Brot, Frieden und Würde – in der Ukraine, in Gaza, überall, wo das nicht selbstverständlich ist. Dafür beten wir und dafür treten wird ein.

4.6 „Und vergib uns unsere Schuld ..."
(Februar 2024)

Wir beten: „Und vergib uns unsere Schuld, wie auch wir vergeben unsern Schuldigern."

Wenn es um Krieg und Frieden geht, geht es fast immer auch um die Schuldfrage. Schuld sind dann natürlich immer die anderen – und sie allein.

---

[1] Cardenal, Ernesto: Das Evangelium der Bauern von Solentiname, Wuppertal 1991.

[2] Zit in: Herlyn, Okko: Das Vaterunser. Verstehen, was wir beten, Neukirchen-Vluyn 2017, S. 88.

[3] Herlyn: Das Vaterunser, S. 88.

[4] www.friedenskooperative.de/termine/brot-frieden-wuerde-in-der-ukraine-und-ueberall (Zugriff: 11.11.2024).

Das hat erst mal gar nichts mit Gott zu tun. Auch Atheisten – oder gerade ihnen – ist es wichtig, dass sie unschuldig sind und der Gegner Schuld hat.

Warum? Weil man so das eigene Verhalten rechtfertigen kann. Selbst Hitler hat den Überfall auf Polen, mit dem der zweite Weltkrieg begann, so begründet: „Polen hat heute Nacht zum ersten Mal auf unserem eigenen Territorium auch mit bereits regulären Soldaten geschossen. Seit 5.45 Uhr wird jetzt zurückgeschossen! Und von jetzt ab wird Bombe mit Bombe vergolten!" Offenbar hat er es für nötig gehalten, den Polen die Schuld in die Schuhe zu schieben – und von seiner eigenen Schuld abzulenken. Und Putin hat das nicht anders gemacht.

Der Versailler Vertrag von 1919 erklärte Deutschland zum Hauptschuldigen für den ersten Weltkrieg. Deutschland wurde zu astronomisch hohen Reparationszahlungen verurteilt und politisch gedemütigt. Und was hat das gebracht? Der Vertrag von Versailles trug ungewollt dazu bei, den Aufstieg der Nazis und damit den zweiten Weltkrieg zu ermöglichen.

Das Vaterunser lehrt uns einen anderen Umgang mit der Schuldfrage. *„Und vergib uns unsere Schuld, wie auch wir vergeben unsern Schuldigern."*

Gott vergibt. Der französische Philosoph Voltaire meinte es ironisch: „Vergebung ist sein [Gottes] Geschäft." Gott meint es ernst. Das ist tatsächlich „sein Geschäft". Dafür hat er sich mit Haut und Haaren eingesetzt. In seinem Sohn Jesus Christus ist er in diese Welt gekommen, hat unser Leben gelebt, unsere Schuld auf sich genommen, sein Blut *„vergossen ... zur Vergebung der Sünden"* (Mt 26,28). Wenn wir also *„unsre Sünden bekennen, so ist er treu und gerecht, dass er uns die Sünden vergibt und reinigt uns von aller Ungerechtigkeit"* (1 Joh 1,9).

Allerdings geht die fünfte Bitte des Vaterunsers noch weiter: *„Und vergib uns unsere Schuld, wie auch wir vergeben unseren Schuldigern."*

Jesus meint sicher nicht, dass Gott uns nur dann vergibt, wenn wir unseren Mitmenschen bereits vergeben haben. Wer aber Gottes Vergebung gerne annimmt, selber aber nicht bereit ist, seinen Mitmenschen zu vergeben, hat ein Problem.

Manchmal gleichen wir Registraturbeamten. Fein geordnet liegen alle Prozessakten mit den Vergehen unserer Mitmenschen in Fächern unseres Gedächtnisses. Manche von ihnen sind längst verjährt, manche durch Versöhnung erledigt, in gerührter Stimmung vergeben. Aber die Akten sind nicht entsorgt. Denn wer weiß? Eines Tages kommt wieder ein neuer Fall vor, das Registraturgedächtnis repetiert – und schon ist die Verbindung mit anno dazumal lückenlos hergestellt.

Gott aber ist nicht der große Registraturbeamte im Himmel, der alle unsere Sünden in Akten fein säuberlich abheftet, um sie notfalls immer wieder hervorholen zu können. Auch in der Ewigkeit wird er sie nicht wieder hervorholen. Gott vergibt wirklich.

Aber wie ist das bei uns? „Wenn wir uns mal streiten", erzählt ein Mann seinem Freund, „wird meine Frau immer gleich historisch." „Du meinst hysterisch", wirft der Freund ein. „Nein, historisch", sagt der Ehemann, „sie hält mir jeden Fehler, jede Lieblosigkeit, jedes falsche Wort aus zehn Jahren Ehe vor!"

Vergeben ist nicht einfach. Gewöhnlich bestehen wir auf unserem „guten Recht". Unser „gutes Recht" bedeutet, dass derjenige, der an mir schuldig geworden ist, zur Rechenschaft gezogen wird.

Vergebung ist anders. Vergebung meint, dass wir auf unser „gutes Recht" verzichten. Vergebung kostet uns etwas, nämlich unser „gutes Recht" auf eine Wiedergutmachung, auf eine Entschuldigung oder eine versöhnliche Geste. Das heißt nicht, dass das alles nicht auch sein sollte. Aber Vergebung geht auch ohne das.

Vergebung kann deshalb sehr schwer fallen. Aber das Gegenteil der Vergebung, ein Leben in Unversöhnlichkeit, Bitterkeit und Groll, ist noch härter. Wer einem anderen Menschen etwas nachträgt, hat schwer daran zu schleppen. Wie töricht ist es, unseren Mitmenschen etwas nachzutragen. Man büßt die Fehler der anderen am eigenen Leibe.

Darum gibt es für die Kränkungen und Verletzungen, die wir empfangen, nur eine richtige Möglichkeit: Sie bei Gott ablegen und ihm bewusst übergeben. Verdrängen schadet, nachtragen schadet. Nur ablegen und an Gott übergeben befreit. Vertragen ja, nachtragen nie!

Das – und nicht die offizielle Klärung der Schuldfrage – ist die Grundlage für Frieden und Versöhnung.

Und deshalb ist richtig und weise, dass in einigen Ländern Versöhnungskommissionen eingerichtet wurden, um die Folgen von Konflikten, Bürgerkriegen oder autoritären Regimen zu bewältigen und den Weg für eine friedliche Gesellschaft zu ebnen – in Südafrika, Chile, Argentinien, Ruanda, Liberia. Die Opfer wurden gehört, ihr Leid anerkannt. Aber nicht bzw. nicht nur, um die Täter ihrer gerechten Strafe zuzuführen, sondern um einen Prozess der Aussöhnung und Heilung zu ermöglichen.

Ich fürchte: Ohne einen solchen Prozess wird es weder in der Ukraine noch im Nahen Osten Frieden geben. Vielleicht einen brüchigen Waffenstillstand, aber keinen Frieden.

Gottes großzügige Vergebungsbereitschaft macht vergebungsbereit. Vergebung im Namen Jesu – Vergebung im Namen dessen, der am Kreuz alle unsere Sünden auf sich genommen hat und dafür gestorben ist. Und so Frieden zwischen Gott und uns und zwischen uns und unseren Mitmenschen möglich gemacht hat.

Vergebung ist nie vergebens!

4.7 „Und führe uns nicht in Versuchung ..."

(Februar 2024)

Wir beten: *„Und führe uns nicht in Versuchung, sondern erlöse uns von dem Bösen."*

„Und führe uns nicht in Versuchung ..." Was soll das heißen? Sollen wir Gott darum bitten, dass er uns nicht versucht? Würde er das denn sonst tun?

Der zweite Satzteil macht deutlich, dass die Versuchung von *„dem Bösen"* (vgl. Mt 13,19.38f.) kommt – also von Satan. *„Führe uns nicht in Versuchung"* bedeutet also: Gott soll dafür sorgen, dass wir nicht in die Versuchung durch den Teufel gelangen.

Welche Versuchung ist gemeint? Sicher nicht die „zarteste Versuchung". Wenn im Neuen Testament von *„Versuchung"* gesprochen wird, ist oft die Verfolgung um des Glaubens willen gemeint (Lk 8,13 – Mk 4,17; Apg 20,19; 1 Pt 1,6; 4,12.13). Und dort ist auch von einer außergewöhnlichen Versuchung die Rede – von einer *„...Stunde der Versuchung, die kommen wird über den ganzen Weltkreis, zu versuchen, die auf Erden wohnen"* (Off 3,10; vgl. 1 Kor 10,11-13).

Wenn das auch hier gemeint ist, dann bitten wir an dieser Stelle des Vater-Unsers darum, dass uns diese *„Stunde der Versuchung"*, die den *„ganzen Weltkreis"* betrifft, erspart bleibt.

Davon hat Jesus auch in seiner Rede über die Endzeit gesprochen und erklärt: *„Denn in diesen Tagen wird eine solche Bedrängnis sein, wie sie nie gewesen ist bis jetzt vom Anfang der Schöpfung, die Gott geschaffen hat, und auch nicht wieder werden wird. Und wenn der Herr diese Tage nicht verkürzt hätte, würde kein Mensch gerettet werden; aber um der Auserwählten willen, die er auserwählt hat, hat er diese Tage verkürzt."* (Mk 13,19.20).

Anfang der 1990er Jahre erregte der Politikwissenschaftler Francis Fukuyama großes Aufsehen mit seiner These vom „Ende der Geschichte". Er war überzeugt: Nach dem Zusammenbruch der UdSSR und den von ihr abhängigen sozialistischen Staaten werden sich die Prinzipien des Liberalismus in Form von Demokratie und Marktwirtschaft endgültig und überall zum Wohle aller Menschen durchsetzen.

Wenn heute, 35 Jahre später, vom „Ende der Geschichte" die Rede ist, haben wir ganz andere Assoziationen. Wie nie zuvor steht die Menschheit vor großen Herausforderungen:

- Krieg in Europa, Krieg im Nahen Osten, Bürgerkriege in Syrien, im Jemen …
- Der Klimawandel bringt extreme Wetterereignisse mit sich, beeinträchtigt die Biodiversität – und führt dazu, dass über kurz oder lang immer größere Teile der Erde quasi unbewohnbar sind.
- Eine Wirtschaftspolitik, die allein auf die freien Kräfte des Marktes setzt, zerstört die Umwelt, gefährdet den sozialen Zusammenhalt und vertieft die Kluft zwischen Arm und Reich.

- Die Demokratie ist in einer Krise. Fast überall auf der Welt kommt es zu einer Wiederkehr des Autoritären. Menschenrechte sind in Gefahr, Freiheiten werden bedroht. Und die Techniken, die Menschen kontrollieren und manipulieren, werden immer raffinierter.

Zurzeit geht es uns noch recht gut – zumindest hier in Westeuropa. Aber in Zukunft kann es „ganz schön dicke" kommen – auch hier bei uns.

Das alles geht nicht mit rechten Dingen zu. Wer oder was steckt dahinter? Verschwörungstheoretiker meinen, die Antwort zu kennen. Die Bibel ist da deutlich zurückhaltender. Sie spricht von *„dem Bösen"*, vom Teufel und Satan. Aber sie präsentiert uns keine logische bzw. theologische Erklärung des Bösen. Und auch im Vaterunser heißt es nicht: „Erkläre uns das Böse!". Sondern: *„Erlöse und von dem Bösen."*

Wann und wie geschieht das? Endgültig am Ende der Zeiten. In der Offenbarung des Johannes wird das recht drastisch geschildert: *„Und der Teufel ... wurde geworfen in den Pfuhl von Feuer und Schwefel, wo auch das Tier und der falsche Prophet* – irdische „Agenten" des Teufels – *waren."* (Off 20,10).

Aber der Teufel ist bereits besiegt. Zu Ostern ist das geschehen. Da hat Jesus über das Böse bzw. den Bösen gesiegt. Er hat ihm widerstanden – bis in den Tod. Und seine Auferstehung zeigt, dass das Gute sich am Ende auf der ganzen Linie durchsetzen wird.

Denn – wie es unmittelbar nach der letzten Bitte des Vaterunsers zur Begründung heißt: Sein *„ist das Reich und die Kraft und die Herrlichkeit in Ewigkeit"*.

„Das Reich, das wir ersehnen, ist nicht unser, sondern ‚sein Reich'. Und es wird garantiert nicht ausbleiben, weil ‚sein' auch die ‚Kraft' ist! Mit dem Reich kommt aber zu uns Gottes ‚Herrlichkeit'. Und weil sie uns keiner mehr nehmen kann, wird sie bleiben in ‚Ewigkeit'! So fasst der Schluss des Vaterunsers nochmal alle denkbaren Trostgründe in froher Erwartung zusammen. Und wenn wir unser ganz persönliches ‚Amen' dahinter setzen, wie ein dickes, fettes Ausrufungszeichen, dann heißt das: ‚Ja, Herr, so ist es und so kommt es, darauf wag ich's und dabei bleib ich, darauf setz ich und darauf trau ich und verwette meinen Kopf, dass Gott nicht lügt, sondern mir treu sein wird. … Darauf lebe und sterbe ich.'"[1]

---

[1] www.evangelischer-glaube.de/vaterunser/denn-dein-ist-das-reich-und-die-kraft/ (Zugriff: 15.11.2024).

5   Anhang: Zur Friedensethik

„Frieden schaffen nur mit Waffen?! – Wie geht Friedensethik heute?"

Impulsvortrag im Rahmen der Gesprächsreihe „Ökumene Konkret" zum Thema „Krieg UND Frieden!?" im Ökumenischen Gemeindezentrum Darmstadt-Kranichstein am 7.3.2024

Ich hab' Ihnen mal was mitgebracht: Das „lila Tuch" vom Evangelischen Kirchentag 1983 in Hannover. Aufschrift: „Umkehr zum Leben. Die Zeit ist da für ein Nein ohne jedes Ja zu Massenvernichtungswaffen". Ich hab' es dort in Hannover erworben. Und es bis heute aufbewahrt – nicht nur aus nostalgischen, sondern aus inhaltlichen Gründen.

Wenn ich mich recht erinnere, wurde dieses Tuch damals nicht von den Veranstaltern, sondern von Friedensgruppen unters (Christen)Volk gebracht. Woran ich mich ganz genau erinnere ist: Es war schon „sehr viel lila". Und auf den Podien in Hannover gab es damals zwei Gruppen: Die Leute mit und die Leute ohne „lila Tuch". Das „lila Tuch" war ein Bekenntnis – und der Verzicht auf das Tuch wohl auch. Und die „Tuchträger" konnten sich der Zustimmung im Saal gewiss sein.

Ich war damals grade „Zivi". In meiner Kirche, der Freikirche der Siebenten-Tags-Adventisten, war es fast selbstverständlich, den Wehrdienst zu verweigern – schon lange vor der Friedensbewegung. Zum „Bund" dürften damals weniger als 10% der männlichen Jugendlichen meiner Kirche gegangen sein.

„Niemand darf gegen sein Gewissen zum Kriegsdienst mit der Waffe gezwungen werden", heißt es im

GG. Und das bedeutete damals: Wer den Kriegsdienst aus politischen Gründen verweigern wollte, hatte vor der „Prüfungskommission" keine Chance. Auch in meiner Kirche wurde die Wehrdienstverweigerung als Konsequenz eines christlich geprägten Gewissens verstanden – und nicht politisch begründet. Meine Eltern, ebenfalls treue Adventisten, waren selbstverständlich dafür, dass ich den Wehrdienst verweigere. Aber als ich dann in Hamburg an Friedensdemonstrationen teilgenommen habe, waren sie jedoch gar nicht begeistert.

Für mich gehörte – und gehört – beides zusammen. Die Friedensfrage ist eine „Gewissensfrage", aber auch eine politische Frage. Mir war klar: Es ist nicht stimmig, nur als Einzelner auf die innere Stimme des Gewissens zu hören und die Frage, wie eine Gesellschaft Frieden schaffen bzw. erhalten soll, auszublenden. Aber wie geht Friedensethik? Und geht sie „nur mit Waffen"?

Dass Freikirchen traditionell unpolitisch sind, hat natürlich Gründe – nicht nur theologische, sondern auch soziologische. Aber die Stellung einer Freikirche, d.h. die Unabhängigkeit vom Staat, ist eigentlich eine gute Grundlage dafür, kritische Positionen zu vertreten. Bei einer Staatskirche sieht das anders aus. 1914 erklärte Kaiser Wilhelm II.: „... auf, zu den Waffen! Jedes Schwanken, jedes Zögern wäre Verrat am Vaterland ...Vorwärts mit Gott, der mit uns sein wird, wie er mit den Vätern war!" Der, der so sprach, war damals zumindest formal Oberhaupt der Evangelischen Kirche in Preußen.

Nach Ende des 1. Weltkriegs war Schluss mit dieser Verbindung von Thron und Altar. Es kam aber nicht wirklich zur Trennung von Kirche und Staat. Auch nach dem zweiten Weltkrieg sprachen Staatskirchenrechtler von einer „hinkenden Trennung von Kirche und Staat". Seit Ende der 60er Jahre haben die Volkskirchen viele

Mitglieder und auch viel Einfluss verloren. Aber die Hoffnung, dass „die Politik" ihren Stellungnahmen ein besonderes Gewicht beimisst, ist immer noch da.

Deshalb legt man Wert darauf, dass kirchliche Stellungnahmen „anschlussfähig" für den politischen Diskurs sind. Ich verstehe das. Und es gibt gute Gründe dafür, darauf zu achten – sogar theologische. „Politikverachtung" und „Weltverachtung" sind für Christen keine Option. Aber zu klären wäre doch: Was ist <u>christliche</u> Friedensethik? Welches Gewicht hat „das Christliche"? Und welchen Stellenwert hat „Anschlussfähigkeit"? Darf es auch mal ganz und gar nicht anschlussfähig sein, sondern kritisch und radikal – auch auf die Gefahr hin, dass „die Politik" den Kirchen „schlechte Noten" gibt?

Da ich mich hier auf dem Boden der „Evangelischen Kirche von Hessen und Nassau" befinde, muss ich hier fairnesshalber daran erinnern, dass diese Kirche mal einen Kirchenpräsidenten hatte, der keinen großen Wert auf „Anschlussfähigkeit" seiner Positionen gegenüber dem politischen Mainstream gelegt hat – vor allem bei der Friedensfrage: Martin Niemöller. Seine Leitfrage hieß schlicht: „Was würde Jesus dazu sagen?"

Und mit dieser Frage möchte ich jetzt auch beginnen, wenn ich im zweiten Teil meines Impulses den Redestil ändere und – ohne Anspruch auf Vollständigkeit – Thesen zur Frage aufstelle, wie christliche Friedensethik heute gehen könnte.

1. Die Botschaft Jesu
    Systemtheoretisch gesprochen: Religionen geben Menschen Orientierung, indem sie das Jenseitige (Transzendente) auf das Diesseitige (Immanente) beziehen.

1.1. Jesus verkündigt das Reich Gottes und seine Gerechtigkeit. Deshalb ist Jesus alles – außer gewöhnlich. Er geht weit über das hinaus, was als
„normal" gelten kann und lebt ein „richtiges Leben mitten im falschen"[1] – im vollen Bewusstsein
der damit verbundenen Konsequenz, dem
Kreuz.

1.2. Im Reich Gottes ist Gewalt keine Lösung. Jesus
ruft dazu auf, die Spirale von Gewalt und Gegengewalt zu durchbrechen. Dazu nennt er konkrete
Beispiele, die nicht wörtlich, aber ernst gemeint
sind. Sie sollen die Phantasie seiner Nachfolger
anregen – damit sie in ihrer Situation gewaltfreie
Alternativen entdecken und praktizieren.

2. Die Politik und ihre Bearbeitung des Kriegs in der Ukraine

Im Funktionssystem der Politik geht es (systemtheo-
retisch gesprochen) nicht um ewige Wahrheiten, sondern um die Herstellung kollektiv verbindlicher Entscheidungen durch das Ringen um Mehrheiten. Dabei argumentiert man mit „Kausalzurechnungen"
(„dies bewirkt das").[2]

Aktuell werden in der Debatte zum Krieg in der Ukraine vor allem folgende „Kausalzurechnungen" an-
gestellt:

2.1. Damit Russland sich die Ukraine nicht einver-
leibt, unterstützen wir sie mit Waffenlieferungen,
achten aber sorgsam darauf, dass wir in diesen

---

[1] Anders Adorno: „Es gibt kein richtiges Leben im falschen." In: Adorno,
Theodor W: Minima Moralia. Reflexionen aus dem beschädigten Le-
ben, in: Tiedemann, Rolf (Hg.): Adorno. Gesammelte Schriften in 20
Bänden: Gesamte Werkausgabe, Bd. 4. Frankfurt, 1997. S. 43.

[2] Luhmann, Niklas: Die Politik der Gesellschaft, Frankfurt/M. 2000, S.
402-405.

Krieg nicht hineingezogen werden und er nicht weiter eskaliert (Motto: „Die Ukraine darf nicht verlieren.").

2.2. Wir befähigen die Ukraine in einem Umfang, der sie in die Lage versetzt, der russischen Armee eine schwere Niederlage beizubringen – damit sie bereit ist, die Kriegshandlungen zu beenden und vor weiteren Expansionen zurückschreckt (Motto: „Die Ukraine muss gewinnen.").

Es handelt sich um die Wahl zwischen Pest und Cholera. Beide Überlegungen sind tödlich. Variante 1 riskiert einen langandauernden Krieg, bei dem nach vorsichtigen Schätzungen allein auf Seiten der Ukraine jeden Tag ca. 100 Soldaten getötet werden. Variante 2 riskiert einen „Weltenbrand", bei dem Putin auch Atomwaffen einsetzen kann.[1]

3. Christliche Friedensethik und der Krieg in der Ukraine

3.1. Putin ist ein Diktator, der über Leichen geht, und der Angriff auf die Ukraine ist nicht nur völkerrechtswidrig, sondern barbarisch.

3.2. Politische Probleme müssen politisch gelöst werden. Die Kirche kann und darf der Politik keine konkreten Handlungsanweisungen liefern. Sie wird Waffenlieferungen nicht „ihren Segen" geben und auch keine Strategie für Waffenstillstands- oder Friedensverhandlungen veröffentlichen.

3.3. Das Funktionssystem der Politik kann sich aber von anderen Funktionssystemen „irritieren"

---

[1] Atomare Abschreckung hat ein Glaubwürdigkeitsproblem: Würde der Westen auf einen begrenzten Einsatz von Atomwaffen in der Ukraine wirklich mit einem atomaren Gegenschlag reagieren und eine atomare Antwort Russlands riskieren?

lassen (gilt für alle Funktionssysteme). Diese „Irritationen" können die angebliche „Alternativlosigkeit" in Frage stellen und dazu beitragen, dass neue Gedanken gedacht werden.

Von einer christlichen Friedensethik können aktuell u.a. folgende (heilvolle) „Irritationen" ausgehen:

3.3.1. 1948, kurz nach dem zweiten Weltkrieg, haben Kirchen auf der ersten Vollversammlung des Ökumenischen Rates der Kirchen gemeinsam erklärt: „Krieg soll nach Gottes Willen nicht sein." Er ist also nicht einfach „die Fortsetzung der Politik mit anderen Mitteln". Auch mehr als 75 Jahre später kann dieser Satz irritieren – z.B. wenn vor allem über die beste Strategie für den Krieg debattiert wird und dabei aus dem Blick gerät, dass Krieg eine unmögliche Möglichkeit ist. „Was zählt ist der Frieden. Der Krieg zählt nur die Toten." (Michael Sebörk).

3.3.2. 2010 erklärte Margot Käßmann, damals Vorsitzende der Evangelischen Kirche in Deutschland: „Nichts ist gut in Afghanistan". Sie protestierte damit gegen die Vorstellung, wir sollten und könnten unsere Freiheit am Hindukusch mit militärischen Mitteln verteidigen. Über Margot Käßmann wurden und werden gerne Witze gemacht – auch und gerade in kirchlichen Kreisen. Aber wo sie recht hat, hat sie recht. Ihre Worte waren geradezu prophetisch. Und das ist es, was wir als Christen tun können – in der Tradition alttestamentlicher Propheten politische Scheinlösungen als solche entlarven.

3.3.3. Die Kirchen können ihre Mitglieder dazu ermutigen, vom Menschenrecht auf Kriegsdienstverweigerung Gebrauch zu machen und Kriegsdienstverweigerer vor Diffamierung oder Kriminalisierung in Schutz nehmen (auch in der Ukraine!).

3.3.4. Die Kirchen können die Politik dazu ermutigen, alternative Konzepte wie das der „sozialen Verteidigung" zumindest ernsthaft zu prüfen.

Christen irritieren. Das Kreuz ist mehr als ein Symbol unserer christlich-abendländischen Tradition; es ist und bleibt irritierend und anstößig – gibt Anstöße, die über das hinausgehen, was wir für normal bzw. „alternativlos" halten.

Zeitfracht Medien GmbH
Ferdinand-Jühlke-Straße 7
99095 Erfurt, Deutschland
produktsicherheit@kolibri360.de